www.tredition.de

Eigentlich sollte der Umschlag mit den leuchtenden Ampelmännchen beschmückt werden. Da aber das ehemalige Volkseigentum an diesen Leuchten irgendwie mit privaten Rechten[1] belegt ist, hier also versteckt der Abdruck in anonymisierter Form als wissenschaftliches Untersuchungsobjekt abseits aller Markenverwertung.

---

[1] Ampelmann®

Hans-Peter Widera

Der Anteil der rot-grünen Ampelmännchen am Scheitern des Sozialismusversuches auf deutschem Boden

und über andere unsere gemeinsamen Befindlichkeiten und Gedænken

Das Werk, einschließlich aller seiner Teile, ist urheberrechtlich geschützt. Jede Verwertung ist ohne Zustimmung des Verlages und des Autors unzulässig. Dies gilt insbesondere für Vervielfältigungen, Übersetzungen, Mikroverfilmungen und die Einspeicherung und Verarbeitung in elektronischen Systemen.

© 2008   Autor: Hans-Peter Widera   Verlag: tredition GmbH
www.tredition.de
Printed in Germany

ISBN: **978-3-86850-593-1**

Bibliografische Information der Deutschen Nationalbibliothek
Die Deutsche Nationalbibliothek verzeichnet diese Publikation
in der Deutschen Nationalbibliografie; detaillierte bibliografi-
sche Daten sind im Internet über http://dnb.d-nb.de abrufbar.

Inhaltsverzeichnis

Grenzüberschreitende Überlegungen

Wie viel wurde nun wirklich aus den Errungenschaften der DDR in die übervereinigte Realität (West-) Deutschlands herübergerettet? Also die immer noch aktuelle Frage, ob der stehende, oder den Vorgang besser beschreibend, der laufende Begriff der Flucht aus dem Staatsgebiet der DDR, Ostzone, sowjetische Besatzungszone, so heute noch auf Kartenwerken schulischer Einrichtungen im Westen zu lesen, das „Rübermachen", der bekanntermaßen in westlicher Ausprägung die gegenteilige Aufforderung „geh' doch rüber" jedem linkskritischen oder langhaarigem Geist während der Zweiteilung gerne von bürgerlichen Angegriffenen als genaues Gegenteil der ersten Formulierung entgegengeschleudert wurde und für einige durch geknallte selbsternannte Revolutionäre als vermutlich gelebte Höchststrafe erlebt wurde, auch nach dem Fall der Grenzsicherungsanlagen weiterhin aktuell, wenn auch mit anderer Bedeutung, gerettet werden konnte.

Die erste Frage unserer Untersuchung lautet also, was ist in der neudeutschen Realität, der auch falsch als Berliner Republik bezeichneten, denn dort wurde Namens gebend im historischen Zusammenhang im Gegensatz zu Weimar und Bonn, jedenfalls fast dort, keine demokratischen Verfassungen begründet, von Osterrungenschaften angekommen?

Spontan denken wir an den, auch durch Sonderabschreibungen und Investitionszulagen begleiteten Erfolg von Rotkäppchensekt, Lange Uhren, Spreegurken, die die normalen Gewürzgurken aus den Supermarktregalen verdrängen, den grünen Pfeil, den Wessis immer noch nicht richtig verstanden haben obwohl beobachtbar auf Ostreisen die Anzahl der Pfeile in den Alten Ländern die der in den Neuen mittlerweile übersteigt, auch eine Bundeskanzlerin, natürlich ohne die oben genannten Fördermittel sondern mehr durch Förderer, ist mittlerweile, wenn auch sitzmäßig im ehemaligen Ostteil von Berlin, unserer jetzigen Hauptstadt, angekommen. Auch viele Ost-Werktätige sind mittlerweile mangels östlichem Arbeitsplatz im Westen tätig, mehr oder minder unterhaltsame Politiker aus SED Zeiten bevölkern Talkshows des Westfernsehens, Genossin Wagenknecht ist wie in amerikanischen Western politisch ganz unkorrekt noch weiter westwärts bis nach Brüssel gezogen ist und manch kleiner Trabbi schmückt die Straße oder den Vorgarten im Westen.

Das mittlerweile sauberes Wasser von Ost nach West die Elbe entlang fließt, ist aber bei aller DDR-Retrosucht keine Errungenschaft der DDR Ökonomie, mehr ein Ergebnis des Endes der die Umwelt wirklich verachtenden Produktionsweisen, wie der Westen sie in den Wiederaufbaujahren auch kannte. Schleicht sich an dieser Stelle unser Buchtitel in einer seiner grünen Farbausprägungen schon erkennbar, zumindest für den Westen, ein? Wir werden es beobachten, besser erlesen. Alle genannten Beispiele der, hier nicht abschließend sondern nur exemplarisch aufgezählten, östlichen Errungenschaften kennen wir aus Beobachtung, Erzählung, Werbung oder Medien, aber bei genauem Hinsehen orten wir nix Einigendes, Grenzübergreifendes, Verbindendes oder hart formuliert, Blüten aus dem Osten, die alle erfreuen, wenn so alt Kanzler mäßig, mittlerweile ja uralt Kanzler mäßig, formuliert werden darf. Nina Hagen mittlerweile auf Privatkanälen bei irgendwelchen Casting-Shows zu sehen hat wenig mit Blühendem zu tun, eigentlich schade um eine kreative Rübermacherin mit Farbfilmvergangenheit.

Halt, bevor jetzt das Lesen wegen eines Gefühls der aussichtslosen Leere im Sinne der Fragestellung aufkommt, das Büchlein zur Seite gelegt oder gar nicht erst nach dem Anblättern gekauft wird, etwas sehr sympathisches, ja knudeliges, bei allen, ob Alt- oder Neubürger, sehr beliebtes, hat doch die ehemalige, mittlerweile geschleifte und zugewachsenen Demarkationslinie, antifaschistischer Schutzwall oder Staatsgrenze West im Osten genannt, auf jeden Fall nicht mehr in ganzer Unmenschlichkeit, ob als Zaun oder Mauer, vorführbar, nicht überschritten und ist trotzdem in den westlichen Herzen abseits aller Supermarktregale oder Medienpräsenz angekommen. Sozusagen ein geistiges Heranholen durch Wessis mit realem Ostbezug des Ursprungs, weil dort weiterhin von der Wende unbeeindruckt, weil gewollt, mehrheitlich über alle parteipolitischen Grenzen hinweg, soweit denn solche nach Abzug der Nichtwähler verbleiben, die Realität in sanierten Straßenzügen, rot gepflasterten Fuß- und Radwegen, ausreichender Straßenbeleuchtung und zwischen alle zehn Meter wechselnden Geschwindigkeitsanweisungen geblieben ist. Wir alle lieben die sympathischen Ost-Ampelmännchen.

Diese so genannten Ost-Ampelmännchen, die beiden rot und grün leuchtenden Lichtsignale für Fußgänger, dürfen zwischen Flensburg und Garmisch, als nicht abschließende Beschreibung der Nord-Süd Ausprägung der westlich gelegenen Altbundesländer benutzt, nicht dem Fußgängerverkehr Stillstand oder Bewegung anweisen. Lediglich im Zusammenhang mit irgendwelchen Rechtsstreitigkeiten über das Recht an der Vermarktung lesen wir etwas über diese Männchen, aber sehen, erleben und befolgen können wir sie nur bei einem Ausflug, dass gilt jetzt für Altbundesländler, in die früheren unfreien Teile unseres wiedervereinigten Vaterlandes. Damit hat etwas rübergemacht, was physisch nicht angekommen ist, aber trotzdem vor unserem geistigen Auge präsent und damit doch hier ist, herbeigewünscht, gesehnt, kollektive Sehnsucht der Gesamtbevölkerung nach etwas Einmaligem, was im Weiteren zu betrachten ist. Als Tritt der Geschichte muss dieses

Gedanken- und Gefühlerübermachen der offiziell untergegangenen Ideologie vorkommen, solches hätte sich das Politbüro natürlich für die eigene Weiterentwicklung gewünscht. Auch etwas, was sich in unsere Betrachtungen einschleichen wird.

Es bleibt natürlich jedem unbenommen, an dieser Stelle die Erkenntnis der eigenen Sehnsucht begriffen zu haben, das Buch zuzuklappen und gen Osten, so er im Westen lebt, zu ziehen, um auch physisch die leuchtende Erfahrung real vor Augen zu haben. Trotzdem oder gemach, vor dem Kofferpacken ist es ja vielleicht doch Erkenntnis fördernd, mit dem entsprechenden Bewusstsein über unser Ampelsein im Ränzlein rüber, sprich rückwärts rüber zu machen.

Wie immer in wissenschaftlichen Betrachtungen oder Theoriebildung gibt es natürlich die vernachlässigbare Ausnahme, gemeinhin als Sonstiges bezeichnet, bzw. die Ausnahme die die Regel bestätigt, im Prinzip natürlich Quatsch, hier in der Form, dass seit 2005 das östliche Ampelmännchen sich in Westberliner Stadtbezirke mit der Begründung der besseren Sichtbarkeit einschleicht, also rübermacht, allerdings durch staatliche Verordnung und insofern für die weitere Untersuchung wirklich, weil abseits der eigentlichen Fragestellung, nämlich des Volkes Denkens und Seins, vernachlässigt werden kann.

Wer einmal das Angebot an Ampelmännchenvariationen, die zum Maskottchen mutierten freundlichen Männchen der Ostalgie, von T-Shirt bis leuchtendem 1:1 Modell, als Männchenlampe oder Kühlschrank-Magnet-Plättchen in entsprechenden Ampelmännchen Dinge und Sachen Läden bestaunt hat, fragt sich nicht nur wie in allen Accessoires Shops oder Andenkenläden dieser Welt, wie konnte ich bisher ohne solche Dinge und Sachen leben, sondern, was ist der Erfolg dieser beiden roten und grünen Figuren?

Warum mögen wir sie? Warum übertragen wir unsere uneingeschränkte Sympathie auf sie? Sind sie ein Teil von uns? Sind wir sie, sehen wir uns so? Möchten wir so sein, bei Wind und Wetter im übertragenen und nicht im hair gestylten Sinne der Werbung? Nicht nur nett sondern auch noch respektiert? Und haben sie noch mehr zu bieten?

Scheinbar stoßen oder regen die beiden, der stehende Rote und der gehende Grüne etwas in uns an, das wir bei Ampelfiguren anderer, westlicher Ausprägung, ob mit Glühfaden oder mittlerweile mittels Dioden betrieben, als doppelte Rote wegen kostengünstiger Einheitsproduktionslinien mit fließenden Verkehr Lichtzeichen, Gelbausprägungen für Gang einlegende Fußgänger oder Restrotsekunden oder Restgrün anzeigende moderner Ausprägung vermissen: Wirkliche Menschlichkeit, Figuren zum Anfassen und Wohlfühlen und doch Personen öffentlichen Respekts deren Farbausprägung mann/frau gerne folgt und das auch noch Spaß macht. Also wie ein Wunschtraum jedes Politikers der sich medienwirksam dem Bad in der Menge hingibt, und das auch noch etwas höher angebracht als die Menge und ganz ohne die herbeibezeichneten fulminanten Reden zum eigenen Mutmachen.

Solch merkwürdige Empfindung angesichts staatlicher Autorität, nichts anderes sind schließlich Verkehr regelnde Zeichen, zu denen diese Lichtsignale gehören, ruft, ja schreit geradezu nach einer genaueren Analyse dieser auf den ersten Blick merkwürdigen menschlichen Beziehung in Ost und West zu dieser rot-grünen Lichtquelle.

Der erste einfache Untersuchungsansatz ist der sprachliche Ursprung, die Ableitung aus dem lateinischen Wort „ampulla", welches gemeinhin die kleine Flasche oder auch schalenförmige (mit Öl gefüllte) Hängelampen bezeichnet. Dieser historische Ursprung wird uns weiter unten nochmals in seiner ganzen Bedeutung begegnen, hilft aber im Moment noch nicht weiter.

Aus westlicher Sicht, hier sei endlich angezeigt, dass aus Verkürzungsgründen die üblichen gebrauchten Himmelsrichtungen Ost und West bzw. Ossis und Wessis ohne Vorurteils behaftet zu sein, zur Übersichtlichkeit beibehalten werden, bedienen beide Figuren eine Retrosehnsucht aller vorhandenen Generationen, ein „wie war es damals doch schön" Gefühl, wie im Folgenden zu zeigen ist:

Im Westen für die Älteren, heute wohl spätestens ab dem fünfzigsten Lebensjahr mit geplanter besonderer Förderung durch die Politik, die Erinnerung an modische Ausprägungen gängiger Gehröcke des Vaters oder Großvaters in den 50er und 60er Jahren, als der Aufschwung alles versprach, typische Sonntagskleidung der Werktätigen, Mann schreitet voran, Frau irgendwo dahinter, kann mann/frau ja heute auch wieder als eine Seite des so genannten Dialogs der Kulturen beobachten, ein Hut macht größer, Bild des Aufbruchs aus Ruinen in den Wohlstand. Nationalhymnisch unbesungen im Westen, Realität und Selbstverantwortung brauchte keinen aufbauenden Gesang. Waren Staatsverschuldung, Rentenprobleme damals ein Thema? Fehlanzeige, ein Juliusturm, salopp beschrieben als Festgeld des Staates, statt dessen, der Mann mit der Zigarre verkörperte den Aufschwung, von dem, dem Aufschwung, jeder, fast jeder, sich ein Stück abschneiden konnte, wenn er nur wollte. Und bisschen später? Rentenhöhe und sonstige Wohltaten wurden weiterhin kein Thema der Politik, gab es doch die Kreditaufnahme als Gegenfinanzierung, um dieses furchtbare Wort des Nichtnachdenkens über Alternativen zu benutzen, die die Handelnden und Bedachten nicht interessierten. Und heute? Heute zu wollen und zu können heißt noch lange nicht können. Schöne alte Zeit mit geordneten Verhältnissen, Systemen und Weltanschauungen ohne giftige Papiere in bad banks. Und was fasziniert die westlichen Jüngeren der Wollenden und Könnenden ohne oftmals Können zeigen zu können?

Aufgewachsen mit den kleinen runden Plastikfiguren und deren Welten mit austauschbaren Köpfen, Armen, Händen, Beinen und Kleidungen, ob als Ritter, Bauarbeiter, Zirkusleute, Piraten, Flusskapitäne, Landwirte und andere, auch vergangener Abbilder existierender Lebens- und Arbeitsformen, einschließlich feudaler und antiemanzipatorischen Strömung folgender weiblicher Machart in rosa aus dem Hause Playmobil©. Erinnert sie die rote Stoppfigur an die Zeit der unbeschwerten Kindheit, in der Junge oder Mädchen die Welt mit den Figuren so zurecht rücken konnte, wie gewünscht und ausgedacht? Keine Zwänge, kein Turboabitur, keine Arbeitslosigkeit, keine verschulte Universitäten ohne Ingenieurabschluss, keine befristeten Arbeitsplätze, keine Praktika bis zur Rente und keine Zukunftsängste, denn alle Figuren machten, was das Kind wollte.

Übrigens, hülfe es, wenn es ein Gesetz gäbe, dass sich die Laufzeit von Arbeitsverträgen für Personalchefs und andere Arbeitsentscheider sich nach der durchschnittlichen Laufzeit, ausgenommen eine übliche Probezeit, für Neueinstellungen richten würde, sozusagen als Praxisbezug und Motivation für Weiterdenken und wirkliche strategische Entscheidungen abseits von Arbeitsplatzabbau? Vielleicht würden dann viele selbsternannte Unternehmer, die kein unternehmerisches Risiko, außer ihrer Abfindungshöhe kennen, sich einmal unternehmerische Gedanken machen. Aber aufgabengemäß zurück zu den Kuschellampen.

Auch wenn es Ampelmännchen heißt, die rote Figur ist ähnlich den Spielzeugfiguren auch weiblich oder kindlich erfahrbar, im konkreten Zusammenhang müsste es natürlich ersteh- oder gehbar heißen, für jeden ansprechend und in der roten Figur sowieso geschlechtsneutral und damit emanzipiert. Oder? Wie klang es aus einer dieser Emanzipations beladenen selbstkritischen TV-Talks die mann/frau beim Zappen trifft, fraulich argumentiert: „Abgesehen von einigen anatomischen Unterschieden gibt es keine Unterschiede zwischen Frauen und Männern: Ich kenne so viele frauliche Männer und so viele männliche Frauen". Passt.

So weit, so gut oder auch nicht, die Sympathiewelle der westlichen Bundesbürger ist einleuchtend, manch einer würde diese Figuren auch bei sich im Gehverkehr gerne zu beachten haben, aufbauende Nostalgie oder Sehnsucht im für mehr oder weniger Sekunden des Wartens oder Gehens, vielleicht auch ein paar mehr lächelnde Gesichter beim Warten auf den Farbahnauftritt selbst bei Sturm und Regen.

Was aber verbinden die östlichen Bundesbürger mit den Ampelmännchen, an denen sie hängen? Nur Nostalgie nach der Vorwendezeit mit ihrem subjektiv je nach gelebter Nachwendezeit erinnerten DDR Wohlstand und geordneten Biographien, wobei die wirkliche Ordnung im wahrsten Sinne des Wortes wohl in erster Linie aus Ordnern über die Biographien bestand.

Gewiss, die Figuren gehen auf eine Verkehrserziehungskampagne, übrigens der hintere Teil eine alte Bezeichnung für den Feldzug, zurück und wecken bei einigen damit auch Sehnsuchtsgefühle nach Vergangenem oder kindliche Erinnerungen, ähnlich dem Verkehrskasper westlicher Ausprägung, halt, falls nicht bekannt, damit ist nicht irgendein tiefer gelegter Fahrer gemeint, sondern der polizeilich an westlichen Schulen eingesetzte pädagogisch ansprechende Erzieher in Form eines Kaspers mit Klatsche, die in der Hand natürlich. Östlich ähnlich besungen als lieber Volkspolizist.

Vordergründig trifft es bestimmt zu, aber, an dieser Stelle sollte die Untersuchung tiefer gehen, so einfach ist Geschichte nicht zu erklären auch wenn es uns viele erklären einfach wollen. Wie sind eigentlich die beiden Ampelvorderseiten im Kontext des Sozialismusversuchs und dem theoretischen Modell dieser Staatsform zu sehen?

Für die Einordnung sollen folgende Thesen aufgestellt werden:

1. Die Stoppfunktion des roten Ampelmännchens widerspricht dem sozialistischen Anspruch, dass rot die einzig fortschreitende Farbe ist, nämlich die zum Kommunismus.

2. Das fortschreitende Ampelmännchen in Grün, die Gehaufforderung, Mischung aus gelb und blau, schreitet zwar von rechts nach links, also neu- und alt-DDR-deutsch politisch korrekt, allerdings ist die Gehform unnatürlich, weil wirklichkeitsfremd und damit ohne Realität zum menschlichen Wollen: Gestrecktes Bein vor dem Aufsetzen und wo ist eigentlich der andere Arm? Stechschritt der Nationalen Volksarmee beim Überqueren der Straße?

Wenn beide Thesen zutreffen, wurden mit den Ampelmännchen zwei sich unversöhnlich gegenüberstehende Widersprüche in bzw. gegen die DDR-Gesellschaft gesetzt, die auch dazu beigetragen haben, die Aussichtslosigkeit dieser konstruierten und von einer Siegermacht aufgesetzten Gesellschaftsform ohne entsprechenden Volkswillen, selbst der Wille feit ja bekanntermaßen nicht vor dem Ende, zu besiegeln.

Die erste These nennt den Widerspruch zwischen der Farbe rot als Farbe des Fortschritts in eine bessere Zukunft und der Aufforderung, anzuhalten. Da vereinfacht angenommen, ohne eventuell

Computer gesteuerte Abweichungen, was technisch ohnehin unwahrscheinlich war, die Rot- und Grünphasen, unter Nichtbeachtung der gelben, aller Ampeln in einer Volkswirtschaft, also einschließlich der für Kraftfahrzeuge, sich rechnerisch ausgleichen, bedeutet diese Farbgebung auch eine Halbierung des Fortschritts. Ein dialektischer Sündenfall, da es damit auch keinen schnellen Fortschritt, abgesehen von der Wende, die aber so bestimmt nicht politisch gewollt war, geben konnte. Heißt, der Widerspruch zwischen sozialistischer Farbe, natürlich ist hier die Farbe und nicht abwertend die Farbenqualität gemeint, und Stop-Funktion konnte aufgrund der Unversöhnlichkeit entweder nur durch die Überwindung des sozialistischen Gesellschaftssystems oder durch Abschaffung an der Straße vorhandener Fußgängerampeln gelöst werden. Da im letzteren Fall mittelfristig sich die Gesellschaft durch einen rapiden Rückgang lebendiger Mitglieder trotz ausreichender Krippenplätze von sich aus aufgelöst hätte, musste zum Fortbestand der Menschheit im Staatsgebilde, schließlich ist dem Menschen im Gegensatz zum System das Denken eigen, im dialektischen System, einer der Eckpfeiler des Theoriegebäudes des Sozialismus, somit zur Überwindung und Beseitigung des Widerspruchs der Sozialismus, die Farbe rot als Gesellschaftsziel abgeschafft werden.

Auf die Idee, die Gefahrfarbe rot, zwar entgegen aller physikalischen Empfehlungen, von wegen höchste Sichtbarkeit bei Dunstverhältnissen und Braunkohleschwaden, auch beim Morgen- oder Abendrot zu beobachten, in allen sozialistischen Ländern zu ändern, ist keiner gekommen. Ein freundlich leuchtendes lila oder noch besser Farben des Klassenfeindes, wie braun und schwarz als Stoppfarbe hätten den Widerspruch nicht entstehen lassen, wie hätte doch Geschichte fortschreiten können, wenn der Sozialismusversuch denn ein Fortschritt gewesen wäre. In letzterer Farbgebung wäre allerdings ein Fortschreiten aus der vorher genannten

Gefahr geneigten Gründen auszuschließen gewesen, also doch lila oder so. Oder der öffentlich beobachtete, gesteuerte und gepflegte Kampfgeist gegen solche revanchistischen schwarzen Ausprägungen, wir erinnern uns an die abgründige vorgeteilte deutsche Zeit, hätte die Massen entgegen der Stehnotwendigkeit im Verkehr gegen an schreiten lassen, was die Kämpfer wiederum reduziert hätte, ein sozialistischer Teufelskreis der Selbstvernichtung ward so oder so geboren.

Dass beim damaligen sowjetischen Brudervolk in der russischen Sprache die Farbe rot ähnlich dem Wort für schön klingt, hat sicherlich die Widersprüchlichkeit nicht kleiner gemacht, das Postulat, von der Sowjetunion zu lernen heißt siegen lernen, nun, auch in diesem konkreten Fall im Nachhinein ein schöner falscher Ansatz, hat die Mutter ja auch selbst getroffen.

Beim Begriff Fortschreiten, allgemein dem Fortschritt kommt die zweite These ins Spiel: Unnatürlichkeit, sprich Realitätsferne zwischen Anspruch und Wirklichkeit der Gesellschaftsform wurde tagtäglich den Bürgern im Sozialismusversuch visuell an der Ampel bewusst gemacht, begünstigt auch durch die langen Wartezeiten auf selbst fahrende Untersätze wie Trabant oder Wartburg, die viele zwang, länger als gewünscht zu Fuß zugehen und sich der doppelten antisozialistischen Fußgängerampelindoktrination auszusetzen.

Der Fortschritt wurde zwar richtungskorrekt nach links im Wechsel mit dem Stopp angezeigt, allerdings entsprach das Stechschrittmännchen nicht dem Bedürfnis der Zwangsbetrachter. „Gleichschritt, Marsch, Marsch", auch im 50er Jahre Outfit, trotz eines nicht identischen Leibesumfangs erinnert die Figur unwillkürlich an den Vorsitzenden in der sächsischen Ausprägung Ulbricht, widerspricht jedem menschlichen Bedürfnis. Hier hätte ein

Blick in die grundlegenden Werke von Marx und Engels, die beiden ungefragten Alibis der herrschenden Klasse in der DDR, helfen können. Preisgünstig waren die Erzeugnisse aus dem Dietz Verlag und jeder hätte mal einen Blick hineinwerfen können. Nicht umsonst wird von den beiden Vordenkern die Gleichförmigkeit der Arbeit ob in Manufaktur oder Produktionsmaschinerie nicht als Fortschritt im menschlichen Sinne gepriesen.

Dass die Farbe grün, was bei Einführung bzw. Fortführung der Signalanlagen bei Gründung der DDR, später eine besondere Bedeutung, nämlich im übertragenen Sinne die der Friedensbewegten bekommen sollte, nun das konnte keiner ahnen, hat aber sicherlich als Gegensatz zum Stechschritt einen nicht zu vernachlässigen Anteil an der Entwicklung der Geschichte. Der Einwand, die Friedensbewegung im Osten hätte mit den Grünen westlicher Ausprägung bzw. Letztere noch stärker umgekehrt eigentlich nichts im Sinn gehabt mit dem Osten, es war eine eigenständige, auch kirchliche und mutige Bewegung, an die bis zum Erfolg die westlichen grün oder links Angehauchten sowieso nicht glaubten und wohl auch nicht glauben wollten, ist richtig, kann aber neben dem oben angeführten übertragenen Sinne konkreter im Folgenden aus unseren Ampelfarben abgeleitet werden.

Seit Newtons Versuchen wissen wir aus dem Physikunterricht, dass die Komplementärfarben rot und grün als Licht zusammengeführt ein (unbuntes) weiß ergeben. Friedlicher und reiner als weiß ist im westlichen, christlichen Kulturkreis keine Farbe aufgetreten, die Farbe des Friedens und Jungfräulichkeit. Offensichtlich war dass Weiß so vorherrschend geworden, dass das sich selbst als erster Friedenstaat auf deutschem Boden proklamierte Staatsgebilde, erhoffte gepanzerte Ausflüge nach Prag, als Bruderhilfe betrachtet, und sonstige Schießübungen, auch vollautomatisch an Ausbruchverhinderungsanlagen ersterbbar, diesen Anspruch in der letzten logischen Sekunde des tatsächlichen, nicht des formalen, Bestehens gezeigt hat: die friedliche Kapitulation vor den Menschen. Wir erinnern uns an die Lösung von unversöhnlichen Widersprüchen? Einer muss verschwinden, wenn auch vielleicht erst einmal. So wurden damit im übertragenen Sinne Ampeln zu Pflugscharen und die Schwerter zu Museumsstücken oder Schrott.

Dass die oben aus dem lateinischen „ampulla" abgeleitete Ampel sich später als ewiges Licht in die Kirchen geschlichen hat, unterstreicht nur die weiße Einlassung von eben und die historischen Begebenheiten rund um die Nicolai Kirche, womit wir die eingangs angeführte wörtliche Untersuchung des Begriffes Ampel in den Kreis der Überlegungen nunmehr gefüllt eingeführt haben.

Damit steht das Ampelmännchen zusammengefasst für zwei unversöhnliche, auch als antagonistisch bezeichnete Widersprüche, die nur durch Abschaffung einer Seite brutal gelöst werden konnten: Ersterer, der rote, seit Beginn, Zweiterer, der grüne, sich mindestens langsam einschleichend in das Bewusstsein durch die tägliche Erfahrung im System, welches in beiden Leuchtsignalausprägungen durch das Sein der Ampeln bestimmt wurde.

Auch wenn also die niedlichen Ampelmännchen vordergründig mehr kindliche Empfindungen bei einer von allen konkreten Gesellschaftsformen losgelöster Betrachtung hervorbringen, eine Betrachtung des Ding an sich und damit nicht wirklich erklärend im Kontext der vorgefundenen Gesellschaftssysteme, waren sie doch vom DDR System ungewollte, weil in die falsche Richtung führende Bestätigung des dialektischen Materialismus:

Solche Widersprüche lassen sich nach der reinen Lehre des Marxismus nur durch Abschaffung einer Seite lösen und das Sein der

Ampel bestimmt das Bewusstsein. Die Wende als Bestätigung der marxistischen Philosophiegrundlagen anhand der Ampelmännchen zeigt einmal mehr, dass Fortschritt ein relativer Begriff ist und weder „sozialistisches" Fußaufstampfen („die Mauer bleibt auch in hundert Jahren..." E. Honecker) oder mit Schuh klopfen (N. Chruschtschow anlässlich einer UNO Sitzung im Zusammenhang mit der Kuba Krise) historische oder/und gesellschaftliche Entwicklungen beeinflussen können. Nur der Luftballon, der aufgeblasen ist, kann durch Anpieksen lauten Knall erzeugen, will sagen, Worte zählen nur dann, wenn die Stimmung entsprechend ist und wer die Nadel sticht, ist für den Knall ohne Bedeutung. Will im Umkehrschluss auch sagen, dass die oben angesprochenen fulminanten Reden anlässlich irgendwelcher Parteikandidatenauftritte eben keinen Ballon haben, fulminant bläst nichts auf, wirkt nur aufgeblasen.

Die Pieks-Ballon-Beschreibung ist im Übrigen ein gewichtiges Gegenargument zum Personenkult, welches, das Argument, theoretisch im dialektischen Materialismus abgeleitet aber nicht real gelebt wurde. Das lange Nachkulten um Lenin, das kurze um Stalin, das schwer einschätzbare um Mao und das Generationsweitergebene Nord Koreas widersprechen der eben beschriebenen zugrunde liegenden Philosophie.

Interessanterweise wurde die erste Fußgängerampel 1868 in London vor dem Parlament aufgestellt, welches gemeinhin als Mutter der Demokratie bezeichnet wird, die Farben grün und rot wurden einfach von den Signalen der Eisenbahn übernommen, die moderne Ampel ward geboren. Dies hätte die uns hier interessierenden so genannten sozialistischen Machtgefüge, so sie es denn recherchiert hätten, weil irgendwie widersprüchlich zu ihrem Staatsverständnis, hellhörig machen können.

Dieses unbewusste freiwillige Einpflanzen von Errungenschaften und Stacheln des Klassenfeindes lässt sich noch drastischer dokumentieren: Die erste komplette rot-grüne Ampelanlage wurde 1914 im Feinbild des Ostblocks schlechthin, in den Vereinigten Staaten in der Stadt Cleveland in Betrieb genommen. Dass die Londoner Pilotanlage mit einem lauten Knall zerbarst, nun, eine Menetekel, also ein drohendes Anzeichen für das, was noch kommen sollte, hätte man sich dieser Art von Lichtzeichen wirklich annehmen sollen?

Einer hatte es wohl erkannt, genauer mittlerweile zwei: Der große Vorsitzende Kim Il Sung und der mit der Bahn reisende und dabei so manchmal verschwindende Sohn und Nachfolger Kim Jong Il. Liegt letzteres an den Bahnsignalen rot und grün? Von Nordkorea ist die Rede. Oder haben Sie schon einmal auf den wenigen veröffentlichen Bildern dieser unnatürlich wirkenden Theaterkulissen eines vermutlich doch existierenden Landes eine Ampel gesehen? Den spärlichen Verkehr, muss der eigentliche dort geregelt werden, regeln auf diesen Photos, so sie denn nicht in irgendwelchen regierungsamtlichen Hinterstuben zusammengeschnippelt oder digital erzeugt wurden, grundsätzlich akkurat gekleidete Uniformträger mit einer künstlerischen Hingabe und bunten Ausdruckskraft, die wir ansonsten nur von Pekingopern nach der Kulturrevolution als Bildschirmerlebnis oder   gedruckt in der farbigen revolutionären Yellow Press „China im Bild" kennen.

Also dort nix Ampel mit klassenfeindlichen oder inhärenten Risiken für die nicht vorhandene klassenlose Gesellschaft, Auge in Auge mit den Staatsorganen wird dort die Straße überquert. Obwohl, niedlich sehen die Regulierer schon manchmal aus. Was sofort die mitleidige Frage aufwirft, wer hat eigentlich die Uniformen der NVA oder die der Volkspolizisten entworfen? Wollte dieses Entwurfskollektiv den Untergang des Staates beschleunigen, weil so etwas auf Dauer keiner ansehen kann? Graue Pfanne, mehr Wok, sind wir schon wieder im asiatischen Sozialismus, auf grauem Stechschritt mit Herrenreiterstiefeln und Reithose? Verstecktes Junkertum in Uniformteilen, was letztendlich den vorgegaukelten Spruch von „Junkerland in Bauernhand" auf das zurückführte, was er nach sehr kurzer Zeit war: Neue Junker als neue Herren, nahtloser Übergang zu Lasten der Schaffenden, und später, nach der Wende, wer hat eigentlich im Rahmen der Privatisierung die LPGs übernommen, gab es da eine Neuverteilung? Das war jetzt zu weit in der Untersuchung gesprungen.

Die Uniformgestaltung scheint aber ein gesamtdeutsches pazifistisches oder Autorität untergrabenes Problem zu sein, sind die Erschaffungskollektive, im Westen wohl namentlich eher Erschaffungsteams im Kontext unserer Atlantikverbundenheit, sprich Anglizismen, genannt, in ihrem Inneren Gegner der jeweils beauftragenden Institution, versteckte Ablehnung staatlicher Autorität oder Uniformität?

Das wäre neu, vielleicht ein Ergebnis unsäglicher Uniformgläubigkeit wilhelminischer oder tausendjähriger Reiche und den dazwischen uniformiert marschierenden Horden von links bis rechts mit Kinnriemen bewährten Kopfbedeckungen, eine Hoffnung der inneren Demokratie. Können wir die bissige Bemerkung, dass ein deutscher Revolutionär, der einen Bahnsteig besetzen soll, erst eine Bahnsteigkarte löst, ad acta legen? Vielleicht, hoffentlich, aber das Rauchverbot auf Bahnsteigen würde er aktuell schon einhalten, gell?

Aber zurück zur westlichen Ausprägung abseits bunter Schönheit von fernöstlichen Opernbühnen auf denen mit taktischem Geschick und viel Schminke der Tigerberg erobert wurde. Polizeiuniformen in der Kombination grün und freundlich beschrieben als hell kakibraungelb, graue Soldatenrunddeckel mit Kinnriemen, besonders beeindruckend bei großen Zapfenstreichen für ausscheidenden Politiker oder Neuvereidigungen, übrigens ursprünglich der Moment des „Schluss mit Saufen bei den Marketendern", die weibliche Form in Brechts Mutter Courage erseh- und hörbar im dreißig jährigen Krieg. Sozusagen oan'zapft vorbei, schließlich muss der in West-BRD Zeiten durch kräftige Finanzausgleichzahlungen, früher hieß der Soli(daritäts-zuschlag) einfach nur Länderfinanzausgleich, den kein Steuerzahler merkte, entwickelte Süden auch einmal, sozusagen wegen der ausgewogenen Berichterstattung, Mundart mäßig erwähnt werden.

Aber so ein bisschen erinnert der graue Westdeckel im Fackelschein schon an die rote Kopfbedeckung des Ost-Ampelmännchens, geheime Konspiration von Ampel- und Uniformkreationisten, Schöpfern, zur Überwindung der Teilung? Also die alte Frage, sind die Uniformen unabhängig mutierte Ausprägungen, die aufgrund der konkreten Umwelt überleben konnten oder doch gewollte Farb- und Formgebung eines größeren Plans? Die Auswirkungen, zumindest wie bisher für den Osten diskutiert, sprechen gegen eine Überlebenschance und damit für einen großen Plan, die westliche Ausprägung für eine zufällige Mutation vergangener Modeepochen der 1970er Jahre, auch in anderen Lebensbereichen schon trendig im Sinne von Quotenbringenden TV-Shows, auch wenn mittlerweile ein blau-schwarz die Spargelfarben ablöst, atlantische Sehnsucht trotz zunehmenden Abstands, die Beantwortung der Schöpfungsfrage bleibt damit in diesem Zusammenhang weiterhin ungelöst.

Eine weitere These der marxistischen Philosophie ist weiterhin der Ansatz, dass das wirtschaftliche Sein das Bewusstsein bestimmt. Ronald Reagans, jeder mag von ihm halten, was er will, aber sein

„ich rüste euch wirtschaftlich zugrunde, dass könnt ihr nicht bezahlen" war trotz telegenen Stolzes friedensbewegter westlicher Politiker auf das Erreichte, etwa die KSZE (Konferenz für Sicherheit und Zusammenarbeit in Europa) hätte zum Zusammenbruch des Ostblocks geführt, das wirklich materielle Ausschlaggebende, wirtschaftliches Sein eben mit den bekannten Folgen. Hier tut sich auch ein interessanter Widerspruch westlicher Meinungsmache und –bildung auf: In jeder (politischen) Talkshow der deutschen Rundfunkanstalten werden Schauspieler, auch wenn sie wirklich nur vorgegebene Texte gut abspielen können, grundsätzlich als fortschrittliche Diskussionsteilnehmer angesehen, jede progressive Unterschriftenaktion dieses Berufstands macht selbige erst wertvoll, Künstler für Kanzlerkandidaten. Und warum darf ein amerikanischer Präsident keine schauspielernde Vergangenheit haben? Wie gesagt, jeder mag von ihm halten was er will, aber die selektiven Vorurteile sollte jeder dann auch überdenken. Wir waren vor dieser Abschweifung über gelebte Vorurteile bei der Wende im Ostblock stehen geblieben.

Das die so gewonnene ökonomische Freiheit das nur Ämter mäßig wechselnde Oberhaupt der verbliebenen großen östlichen Staatengemeinschaft nunmehr in die Lage versetzt, den Westen ökonomisch, zumindest was die Energieversorgung betrifft, teilweise in die Hand zu bekommen, macht die weitere Entwicklung des Seins und seiner Auswirkungen weiter spannend. Beobachten wir nur eine Pause des Modells zur ökonomischen Erneuerung und Modernisierung unter verborgenen alten Strukturen? Das beobachtete Staatsverständnis Russlands und seiner Führung lässt schon solche Gedanken aufkommen. Und warum spricht die SED/PDS/Neue Linke/oder wie auch immer eigentlich von der so genannten Wende?

Die so genannte DDR war für den Westens schließlich auch nicht anerkannt und nur ein hingenommener Übergangszustand, als Staat, abgesehen von einer Ständigen Vertretung, ignoriert, wie nunmehr historisch bestätigt, ist das Heute so genannt für die Roten links der Roten, um die üblichen Farben der Wahlsonntage zu benutzen. Doch weiterhin ein gerader Weg mit Tarnkuhle, wir werden wiederkommen, der lange Marsch zurück als vorwärts mit rotem verstecktem Büchlein? Letzteres Rotes war jetzt nur eine Metapher, ich möchte weder Maoisten noch DDR-Sozialisten irgendwelche Gemeinsamkeiten unterstellen, oder doch? Aber mal wieder zurück zu den niedlichen bunten Männchen, schön, dass es sie gibt, diese Fluchtpunkte, für uns eher Sammelpunkte unserer Geschichte.

Dass beim Sein, sprich Einfluss nehmen auf das Bewusstsein, die Ampel selbst wiederum die gesellschaftliche (Nicht-) Realität im Sozialismus dabei nochmals abbildet, also eine Mischung von Ursache und Wirkung ist, lässt weitere Fragen zu dieser Art von sich scheinbar selbst erhaltenden Beziehungen aufkommen. Sind Ampeln Grundkonstanten in der menschlichen Gesellschaft des Verkehrszeitalters, sind sie einfach nur da, unabhängig von gelebten Gesellschaftsformen, gleich den ewigen Lichtern in christlichen Gotteshäusern? Was ist die Grundlage der Ampel: „Ich leuchte, also bin ich" oder doch ein „ich bin, also leuchte ich"? Ist die Art der Funktion und Farbgebung willkürlich, zufällig oder verfolgt sie eigenen Ziele damit? Mit letzterer gewagter Fragestellung verlassen wir natürlich die bisher vorgestellte Philosophierichtung, gestehen simpler Materie unter Umständen ein Bewusstsein zu. Dazu gleich auf jeden Fall ein interessanter Denkansatz, der die gesamte Bandbreite des leuchtenden rot-grün Problems zu verstehen hilft.

Um dieser Frage in einem ersten Schritt nachzugehen, bietet es sich an, die oben vorgenommenen Betrachtungen des Ampellebens im Sozialismus mit gleicher Methodik in den Westen zu überführen.

Analog der ersten These, dass im Sozialismus die Farbe Rot und das Stehen bleiben sich widersprechen, kann für den Westen (vergangener Tage) festgestellt werden, dass die Farbe Rot in sozialistischer Ausprägung der DDR von der Mehrheit der Bevölkerung trotz gegenteiliger Beteuerungen Demonstranten zählender abzählbarer Mitglieder der DKP, weder gewünscht noch gewollt war. Wir ignorieren jetzt einfach die selbsternannten Vertreter der revolutionären Massen im Westen, die irgendwie nie sichtbar wurden, die Massen. Ohne jetzt auf die diversen sich ohne Massen bekämpfenden Strömungen der westdeutschen linken Szene in den, wie noch zu zeigen sein wird, geborgten und geklauten, Wohlstandsjahren näher einzugehen, kann die These aufgestellt werden, dass die rote Fußgängerampel nichts anderes ausdrückte als die massenhafte Überzeugung „Halt, rot, wir wollen Dich nicht so". Auch wenn die westlichen roten Ampelmännchen keine seitwärts gestreckten Arme mit geballten Fäusten unseres Ost-Steh-Bleib-Männchen, noch so ein sozialistischer Widerspruch, eine Faust wurde schließlich kämpferisch nach oben als Vorwärts gestreckt, nicht zur Seite anhaltend, zur Unterstützung der Aufforderung zum Stehen bleiben kannten, die Figur des Stehens des Männchens ist von der Aussage her deckungsgleich zum Ostumriss. Dieser bestehende, jedenfalls in der Vergangenheit, Grundkonsens konnte auch nicht durch jeweils von der Gegenseite in die Wahlschlacht geworfene Farbgebungen politischer Parteien, Ihr die Schwarzen, Ihr die Roten, ernsthaft gefährdet werden. Schließlich kannte jeder aus der Familie oder Bekanntenkreis mindestens einen mit realem DDR- Hintergrund, nein Danke, die ökonomischen und unfreien Errungenschaften, bei allen politischen Dissonanzen, bitte das nicht bei uns.

Lieber Pakete packen, Weihnachten eine Kerze, finanziert aus Kirchensteuern, die noch ergiebig genug waren dank mangelnder Austrittsbewegung durch den Solidaritätszuschlag, in das Fenster gestellt für die Brüder und Schwestern in der Zone zum Wärmen und wir dabei Wohlstand, Geschenke unterm Weihnachtsbaum und Freiheit genießen. Gelegentliche Besuche der Ostteile, so sie zugelassen waren, besonders Westberliner erinnern bestimmt noch die Zeiten an Passierscheine von Ostgnaden, haben die Sehnsucht nach dem real existierenden Sozialismus auf deutschem Boden bestimmt nicht gefördert. Diese Fernsehbilder in der Tagesschau über dürfen sie nun oder nicht in den Ostteil Berlins, Schlangen an den Übergangsstellen an Feiertagen gehören zu den Konstanten der geteilten Geschichte, gespeicherten Fernsehbilder, die eine Epoche ausmachten. Genauso epochal beeindruckend ähnlich dem ewig grüßenden Murmeltier waren vielleicht noch die allabendlichen Bilder in der Tagesschau von B-52 Bombern über Vietnam, in der Erinnerung meist von rechts nach links über irgendwelchen Dschungelpfaden fliegend und dabei tonnenweise explodierende und brennende Stoffe abwerfend, dass es nur so qualmte in Charlies Reich. Und wofür, Frage an beide Seiten? Die einen mussten abziehen, ein immer noch nicht verarbeiteter Krieg, die anderen erleben heute die Auswüsche des bekämpften Westens trotz Sieg wieder im eigenen Land, was da wohl so mancher Veteran denkt. Traurigerweise scheinen sich die täglichen Meldungen über Bombenanschläge im Irak oder Afghanistan auch zu so einem medialen Dauerbild zu entwickeln.

Aber zurück zu den einleitenden Sätzen, haben Sie es eben gemerkt? Noch eines hat sich klammheimlich aus dem Sozialismusversuch „rüber gemacht", die Anzahl der Kirchenmitglieder sinkt seit Einführung des Solidaritätszuschlages als Ausweichstrategie finanzieller Belastung im Westen unaufhaltsam, die Beseitigung sozialistischer Planwirtschaftsfolgen führt damit, Hilfe Aufbau Ost, zum fortschreitenden Atheismus, gemessen an der Anzahl der Kirchenmitglieder.

Ob dieses einem zu beobachtenden steigendem Bedürfnis nach spiritueller Bewegung widerspricht oder doch nur ein Rosinenpicken vereinzelter Wir Gefühle auf populärer werdenden Kirchentagen zu beobachten ist, mag dahin gestellt sein. Eine Angleichung der prozentualen Kirchenmitglieder ist eine der wenigen Zusammenwachungsbeobachtungen, auch wenn die Einführung kirchlicher Feiertagen nach der Wiedervereinigung in den Neuen Ländern angesichts kirchlicher Mitgliederzahlen stutzig machen lässt. Das ökonomische Sein des Sozialismusversuchs mit seiner maroden Infrastruktur und veralteten, umweltfeindlichen und unproduktiven Produktionsbedingungen führt durch die notwendigen Transferleistungen zur Angleichung der Lebensbedingungen nach der Wende aller im Allgemeinen und zu einem Rückgang der zahlenden Gläubigen. Auch ein hübscher Beweis des Materialismus, sozusagen späte, aber systemimmanente DDR-Sozialismus Rache an kirchlich unterstützter Freiheitsbewegung der Bürgerrechtler.

Die von DDR-Staats wegen gebrauchte Formel vom real existierenden Sozialismus ist im Übrigen eine interessante Ausprägung des bekannten Pfeifens im Walde: Wenn er, der Sozialismus, denn existierte, sogar real, hä? warum musste der Umstand nochmals immer genannt werde? Es schleicht sich das Gefühl, bestätigt durch die Entwicklung, ein, dass diese gelebte Gesellschaftsform wohl doch etwas anderes war, dass selbst die Herrschenden, und dabei meine ich nicht die propagierte Arbeiterklasse und Bauernhand, letztere ohne das gedichtete Bauernland, es erkannt haben mussten und einfach per Order den sozialistischen Staat definiert haben und immer wieder betonen mussten, dass sei realer Sozialismus der auch noch existiere, also mehr geht eigentlich nicht.

Vielleicht um Schlimmeres zu verhüten, falls irgendjemand mal auf die Idee kam, die gerne herangezogenen Klassiker Marx und Engels zu lesen und zu fragen?

Und auf jeden Fall mit dem Anspruch, die Partei zu sein, die immer Recht hätte, ein Anspruch, alles andere im besten Falle mundtot zu machen. Eine Methode, üblicherweise nur bis meist mundtot, insofern was die Lebenserwartung betrifft humaner, die heute mit dem Begriff der „political correctness", hart beschrieben als Wortfaschismus angewendet wird. Danach gibt es einfach, meist von so genannter fortschrittlicher Politik, in die Welt gesetzte Leitsätze und Lehrmeinungen, meist ohne konkreten Nachweis, die nicht angriffen oder hinterfragt werden dürfen, ohne den Zorn der Korrektbewahrer ähnlich eines Wächterrats auf sich zu ziehen. Oder anders ausgedrückt, die meist in die Jahre gekommenen Schöpfer solcher unveränderlichen Mainstreamansichten sind meist die, deren Lieblingsvokabel die Worte „hinterfragen", „emanzipativ" und „kritisch" sind und waren und manchmal bei Bedarf zum Füllen von Interviewzeiten noch sind; Diktatoren einer Selbstkastration mit vorgegaukelten hohen moralischen Ansprüchen, meist abgesichert durch Diäten oder sichere Ruhebezüge. Warum wurde der Emigrant ein Migrant? Letzteres übrigens ein Wort, dass bei meinem Rechtschreibprüfprogramm als Fehler gemeldet wird? Die keinem über dreißig Jahren trauen wollten, produzieren mit Vorliebe und im Bewusstsein ihrer Vergangenheit die Vorgaben des politisch gewollten. Insofern erinnern solche „Mainstream" Vorgaben sehr an das oben beschriebene Pfeifen von Pfeifen. Aber zurück zum damals real existierenden Sozialismus auf deutschem Boden, natürlich nur als Untersuchung einer letztendlichen Fiktion.

Auch hier hilft die Methode, Begriffe in ihrem Gegenteil zu nennen, um die Leerhaftigkeit und Worthülsigkeit zu erkennen: Unreal existierender Sozialismus auf deutschem Boden, real nicht existierender Sozialismus, ups, Treffer? oder unreal nicht existierender, was wäre dass angesichts einer doppelten Negation?

Aber, wir betrachten ja den Westen und waren vor Rot stehen geblieben, nicht nur vor ein paar Absätzen, sondern auch real im täglichen Leben beim geplanten Überschreiten der Fußgängerfurt.

Dass die Farbe rot aufgrund ihrer Eigenschaft, selbst bei widrigsten Luftverhältnissen am weitesten gesehen zu werden, irgendwann zur Gefahrenfarbe wurde, wurde oben bereits anlässlich des ersten Widerspruchs der Apelmännchen genannt. Wenn mann/frau weiterhin bedenkt, dass rot das mathematische Zeichen für Rotation, die Eigendrehung, die in allen Ausprägungen doch wieder irgendwann um Anfang zurückkommt, also nicht vereinbar mit Fortschreiten, ist, werden weitere inhärente Widersprüche sichtbar. Irgendwie konnte der so genannte Sozialismusversuch nichts werden, wie oben schon angedeutet, war ja keiner, und das wurde vierundzwanzig Stunden, abgesehen von besonderen Stromkampfsituationen mit Spannungsschwankungen, dem gehenden Verkehrsteilnehmer vor Augen geleuchtet.

Die Komplementärfarbe zu rot ist im Farbenkreis die Farbe grün als Mischung von Blau und Gelb, letztendlich verdanken wir die Farbwahl des Gegenteils von Gefahr, Stopp, Halt, also die Farbe grün, der Farbenlehre und dem folgenden Hintergrund:

Neben der technischen Farbenlehre werden Komplementärfarben auch in der Psychologie als so genannte Gegenfarben bezeichnet: Damit sind empirisch ermittelte unvereinbare Farbempfindungen des Menschen gemeint, bekannt sind die Farbpaare Rot/Grün und Gelb/Blau. Ersteres Beispiel bestätigt auch die menschliche Empfindung der hier besprochenen Farbkombination und das sie auslösende Unbehaglichkeitsgefühl, was dann für alle Gesellschaftsformen gelten muss. Abgebrochene Koalitionen bestätigen eventuell die empirischen Untersuchungen. Das Unbehagen anlässlich der zweiten Farbkombination sollte zumindest die Schöpfer entsprechender Parteifarben ob der bisherigen durchgehenden Oppositionsrolle und auch nach Machtergreifung zu einem Umdenken bewegen, sozusagen als kleiner kostenloser Marketingtipp an die ehemalige Schuhsohlenpartei am Rande. Und das die Farbe braun durch stoffliches Mischen von rot, blau und gelb (also grün) als Pigment enthaltene Malfarben entsteht, also nicht im Wege von bunten Lichtern erzeugt wird, hat ihren Verbindung ja eventuell in nicht auskömmlichen Malversuchen eines erfolglosen Postkartenmalers des letzten Jahrhunderts. Um die politische Farbpalette abzuschließen, schwarz bekommt mann/frau mit den Malfarben blau, rot und gelb nicht hin, ein sehr dunkles blau ist das Schwärzeste, was erreichbar ist, also in dem Sinne ein Kunstfarbe außerhalb des Farbenkreises.

Zurückbetrachtend zu unseren strahlenden Männchen am Wegesrand.

Und was war mit grün im Westen? Diese Frage muss analog der zweiten DDR-Farbenthese zur Vergleichbarkeit als nächstes angegangen werden. Da beim Westmännchen sämtliche Gliedmaßen in der Form des Männchen erkennbar sind, die so genannte Emanzipation scheint im Übrigen bei Lichtsignalanlagen spurlos im Gegensatz zu sonstigen Verkehrszeichen, bei diesen meist als Schutz für Kinder, vorübergegangen zu sein, konnte sich die rechts links Bewegung in grüner Farbe tatsächlich durchsetzen. Auch in diesem Gesellschaftssystem eine nichtvorhersehbare Entwicklung bei Schaffung der grünen Figur, die natürliche Art der Bewegung, zugegeben etwas sehr unpersönlich und schematisch dargestellt, hat daran einen nicht unerheblichen Anteil.

Dass sich erst nach der Wende Ampelmacher ernsthaft mit der Geschlechterfrage auseinandergesetzt haben, bzw. das weibliche Geschlecht entdeckt haben, den ersten auftauchenden Ampelweibchen im Männchenlook in Zwickau und Dresden sei verkehrsgehorsam Dank, ist grün strickend betrachtet natürlich viel zu spät, aber wo, wie grad Orts mäßig bestimmt, ward der der Mut dafür gefunden? Im östlichen bzw. mittleren Teil unseres Vater- an dieser Stelle emanzipatorisch wohl besser britisch Mutterland genannten Landes. Zu dem Thema, unvergessen, die niedlichen Plakate der 60er, Deutschland dreigeteilt, niemals! Nun ja, zweidrittel haben wir ja schon, den Sender der früher als Tal der Ahnungslosen bezeichneten Gegend als Mitteldeutscher Rundfund spricht Bände, aber auch so ein Vorteil der EU, solche Ansprüche werden immer unwichtiger, unabhängig von ab und zu auftauchenden Ewiggestrigen in den Nationen.

Zurück zu den weiblichen Leuchten, was uns sofort an die Wertschätzung der weiblichen Produktivkraft im untergegangenen System erinnert, Krippenplätze für alle damit die anderen fünfzig oder so Prozent auch im Kampf der Produktion zur Verfügung standen. Schließlich war ein Großteil der möglichen Produktivkräfte in diversen Hauptabteilungen der Schnüffelbrigaden unproduktiv sammelnd, neben Ton-, Bild- und Zetteldateien auch Hundenasenfähiges Material, gebunden, da brauchte der Staat schon jeden für das wirkliche Schaffen. Das die Krippenabgabe, die Hingabe, nicht die Bezahlung, Teil des erzieherischen Systems der frühen Trennung und Beeinflussung war, bestenfalls Macho- oder Klassenfeindgerede. Auf jeden Fall, Krippenzwang am Besten für jeden sind ja nun wieder in, von schwarz bis rot und dazwischen grün, auch eine Anbiederung an ein untergegangenes System zur Wahlstimmenoptimierung? Wenn noch jemand wählen geht? Übrigens, gestattet sei der Glaubens behaftete Einwurf, Gott sei Dank und dabei friedlich aufgenommen bei einer größtenteils aufgeklärten Religion, warum eigentlich der Begriff Krippe? Der Text der Schrift, der Neuen, Unmengen an Krippenspielen und Holzgeschnitzten oder mittlerweile in Plastik gegossenen mittels Containern zu uns verschifften Darstellungen des Weihnachts Ensembles zeigen schließlich Mami und Papi, erstere aufgrund vermutlicher Übersetzungsschlampigkeiten als erste künstliche Befruchtung bebetet, mit dem Neugeborenen mangels Herbergskapazitäten im Stall wohnend, wobei Baby in der Futterkrippe liegt. Und was hat nun die staatliche, früher geforderte, heute als Ideal frühe Trennung mit diesem Familienidyll zu tun? Nix! Auch so ein Trick, sympathische Worterinnerungen wie die Weihnachtskrippe, bestaunt betrachtet mit großen Kinderaugen, politisch für eigene Zwecke auszunutzen.

Die Argumente der weiblichen Ampelmacher, der Produzenten, sind natürlich vordergründig technischer Natur: Es ergäben sich vergrößerte Leuchtflächen, was im Ansatz in einer politisch korrekten Zeit hier sofort zum Selbstschutz, auch unter dem Einfluss des umfangreichen Antidiskriminierungsgesetzes, von wegen sexistische Bemerkungen über den weiblichen Brustumfang, gerügt werden muss. Das zweite vorgebrachte Argument, die Straßenverkehrsordnung kenne keine Geschlechterbestimmung, ist zwar richtig, verkennt aber die Bemühungen des Gesetzgebers heutiger Ausprägung, Gesetze geschlechtsneutral zu formulieren. Geschlechter neutralisierend müsste natürlich „die Ampel" auch in der Form „der Ampler" oder „der Ampel" sich aus der eben angesprochenen Gesetzesvorschrift ergeben. Tut es aber nicht, was für die folgende These bezüglich der Unabhängigkeit der uns interessierenden Leuchtsignalanlagen von besonderer Bedeutung ist.

An dieser Stelle der Rückschau auf die grüne Entwicklung des bundesrepublikanischen Gesellschaft stellt sich die oben bereits angerissene Frage: Sind die Ampelfarben, insbesondere die Farbe grün, einfach Konstanten unabhängig von jeder Gesellschaftsform, die Ampeln sozusagen jenseits jeglichem Realismus? Wie auch jeder die Frage für sich beantworten mag, ein Widerspruch tut sich auch für eine gesellschaftsautarke Ampel auf: Wenn die Farbe grün und die rechts-links Bewegung das Aufkommen grünen Gedankenguts fördern, führt diese scheinbar von konkreten Gesellschaftsformen unabhängige Entwicklung in letzter Konsequenz zur Überwindung der Notwendigkeiten von Ampeln:

Durch Abschaffung aller Kraftfahrzeuge zur ökologischen Erneuerung entfällt die Aufgabe der Ampel, die Grünentwicklung beseitigt ihre Schöpfung, die klassenlose Verkehrsteilnehmergesellschaft ohne Automobil bedarf keiner Aufteilung der Überquerungszeiten. Ist dass das Ziel, die Eigenvernichtung durch Überwindung?

Aber vorher sollte das Ampelsystem uns auch vom zweiten Sozialismusversuch unter anderen Namen, geprägt durch Gängelung, staatlich verordnete Lebensplanung, Überwachung, planwirtschaftlich organisierte Global Player, erhöhte Staatsquote und verordnete political correctness befreien. Eben alles typische Erscheinungen versuchter geplanter Wirtschaft und Gesellschaft, die den Zwang zur Unfreiheit in sich tragen und wir sie willig mit dem Gefühl des emanzipierten Bestimmens, weil ja so fortschrittlich, austragen.

Danach mögen die Ampeln sich ja von mir ausschalten bis wir sie wieder brauchen. Aber bitte ohne Stau.

Gedanken im Stau

Was ist das wirklich Quälende am Stau, dem Zustand, in den täglich eilige Beweger von Kraftfahrzeugen, egal ob Last-, Ober-, Mittel- oder Unterklasse, letztere nicht Wohlstands ausgrenzend Einsteigermodell genannt, Zeitverlust, wirtschaftlicher Schaden, Frust, verdorbenes Frisches oder verpasste Termine? Oder bieten solche Gelegenheiten nicht doch die Möglichkeit, einmal zu sich selbst zu finden, unfreiwillig zufällige Zeit, ein Geschenk aller auch als einzelner Verursacher an jeden und sich selbst, jeder verspätete Termin wird entschuldigt, kein Vorwurf muss befürchtet werden, kollektives bestreiken der Zeitfalle durch den Versuch zeit verkürzender Mobilität, genannt Geschwindigkeit, eigentlich genial, scheinbar ungelenktes Chaos führt in die temporäre Ruhe, Stillstand holt die davon eilende Bewegung ein. Eine Zeit zum genießen in der täglichen Hektik, Gedanken schweifen, den Tag überdenken, bei sich selbst sein, ermöglicht Rundblicke, länger als an Ampelphasen, eigentlich also Momente, die genossen werden könnten und sollten, wenn unsere Augen nicht gezwungen wären, ohne Fluchtmöglichkeiten die modernen Rücklichtkombinationen Vorausstehender oder langsam rollender, zu ertragen. Dabei geht, besser leuchtet es nicht um die selten gesichteten und damit wenigstens noch unterhaltenden, weil raren Leuchtdiodenspielereien aus Zubehörkatalogen, blinkende Pfeile, Bremslichter als Stoppschilder u.s.w., solche strahlenden und gelifteten Hinterteile in Verbindung mit dem Urmodell und der Rückansicht des Fahrers, meist schräg zur Mitte sitzend, Wirbelsäulen verbiegend, entweder um Formel Eins Gefühl des mittigen Sitzens im Renner zu erfahren oder doch nur die Unfähigkeit, ein Kraftfahrzeug von der linken Seiten zu lenken, mittiger Blick bringt Übersicht, regen die Phantasie im Hinblick auf soziökonomischen Hintergrund und Mitteilungsbedürfnis des Einbauers an, vielleicht möchte mancher auch nur einfach schneller sein, Rücklichttuning, einfach unterhaltend im Gegensatz zu der soundsovielten Verlesung der Radionachrichten, deren Wortlaut, auch wenn sich heftige Fehler eingeschlichen, inhaltlicher oder selbst für mich semantischer Art, sich scheinbar nur einmal am Tag ändert, aber wann passiert das eigentlich? Zurück zu den Rückbeleuchtungen, die wirklichen Augenverletzungen hervorrufenden finden wir an immer mehr Serienfahrzeugen, Made in Germany, meist nur zugeliefert oder an Importfahrzeugen, die Masse der Wiederholung, die Serie ist wahrlich bedrohlich und schmerzt. Da leuchtet die dritte, ist das eigentlich nationale Vorschrift oder auch EU Regelungswut, früher wurden, wir erinnern uns, die hoch gesetzten, meist nicht funktionierenden, abgebrochenen, an der Heckscheibe über der Klopapierrolle oder über dem Wackeldackel bedrohlich hängenden Leuchten, schlichtweg belächelt, aber eingebaut wurde zur Freude des Zubehörhandels und jeder ein Schrauber, nicht nur Möbel konnte man bauen, auch anspruchvolle Sicherheitstechnik funktionierend integrieren, war das eigentlich gleich nach der „Mein Dorf grüßt den Rest der Welt" Aufklebermanie in gelb oder davor? Egal, nahtlose Marketingerfolge auf jeden Fall, was sind dagegen schon irgendwelche stilisierten Inselsilhouetten auf zunehmend silbermetallic gefärbten Fahrzeugen gehobener Klassen, das verlangt doch Geographiekenntnisse, mein Dorf war da schon einfacher. Mal wieder zurück zu dem Lichtermeer vor uns, da leuchtet also die dritte Bremsleuchte, natürlich als Abgrenzung zu früher, weil damals doch bisschen prollig, mit einer abzählbaren Anzahl von Leuchtdioden sehr modern und grundsätzlich in einem anderen Rot-Ton als die regulären Bremsleuchten rechts und links, die meist noch mit Glühlampenlicht, also mit Verzögerung an- und abschwellend in ihrer Leuchtkraft, ausgestattet sind, keine Harmonie in der Lichtbewegung zwischen diesen drei Warnelementen, teilweise riesige durchsichtige Plastikflächen beherbergen die notwendigen Sicherheitslampen nach hinten, mache Rückseiten scheinen kein Blech mehr zu brauchen, Plastik als Blechersatz, zu hell leuchtende Leuchtorgane, meist irgendwie verloren im Quadratmeter Plastik, schlängeln sich bis zum Dach, in Plastik gegossene leuchtende Arschgeweihe, mehr Plastik als Leuchtfläche, manchmal die beunruhigende Frage, was könnte eigentlich wofür noch leuchten, die vorgetäuschten Leuchtflächen beinhalten gemischte Leuchtquellen, vorgetäuschte Lichtberge, seitlich silbern schimmernden Plastikberge suggerieren Hightech eines Raumschiffes und, Glühfaden versus Leuchtdiode, unterschiedliche Ansprechzeiten der einzelnen Lampen verwirren die menschliche Aufnahmefähigkeit, Leuchtessembles wie im Zubehörhandel nach Preisgesichtspunkten zusammengekauft, nichts passt zum anderen Leuchten. Und dann die Formen, japanischer Autobarock der 70er Jahre jetzt hinten, Schrägstellungen, Streifen, rote Ostereier, Flaggen, Ganzkörper Leuchtstreifen über das Heck als aggressive Suggestion von Geschwindigkeit nach hinten, Überholspur frei blinken beim Ausparken? Was im Ansatz schon wieder die Frage nach der Mobilität im Stau stellt, vorwärts runterblinken geht immer seltener, also zeige ich hinten, was ich könnte, wenn ich könnte wie ich wollte, so sähe es aus, wenn ich überholt hätte, ersatzweise beim Rückwärtsfahren oder Stehen. Teilweise unerträgliche Helligkeit als Fernlichthupenersatz. Und warum mag eigentlich keiner mehr zeigen, dass es gelb blinkt, darf die Form und Farbe nicht der Funktion folgen oder verbirgt sich dahinter mehr? In Zeiten des Wirtschaftswunders der 60er Jahre wurden die bis dahin weißen Blinker gegen gelbe, blinkend und sichtbar auch im ruhenden Zustand, als automobilgeschichtlicher Einschub für die später geborenen, aus Sicherheitsgründen, ausgetauscht. Selbst Winker Blinker strahlten gelb, die kleinen netten Flügelchen, die aus der A- oder B-Säule genannten Seiten vor dem Abbiegen hervorkippten, das Kippen eigentlich eins von unten nach oben, also hochschnellen, wobei schnell übertrieben und hoch den Vorgang falsch beschreibt, Kippen mehr ein Bild von aufrecht zu irgendwie schräger, da oft nicht willentlich oder 6 Volt gesteuert, besser mit schief bezeichnet, was angemerkt, den Physikunterricht immer im Widerspruch zum Erlernten der Mutter-, korrekt auch Vatersprache heraushebt, die schiefe Ebene ist im Versuch gewollt, also schräge, jedenfalls waren die Winker die sichtliche Verbindung von Mensch zum Verkehr, ein kleiner Arm, der wie beim Fahrradfahrer physisch die Richtungsänderung anzeigte, verloren gegangene Menschlichkeit, heute blinkt es nur, aber immer noch gelb, abgesehen von ausgeblichenen Farbtönen, entweder Folgen falscher Farbplastikforschungen oder verblassender innen aufgemalter Filzstiftfarben preiswerter Reimporte, die die Farbe Gelb nicht kennen. Nichts gegen ausländische Modelle in diesem Zusammenhang, komprimierte Kunstgeschichte treffen wir bei einem Modell aus dem Lande Picassos, sinnigerweise auch verantwortet durch die deutsche Mutter, ein schlichtes buntes Dreiecke und zwei Kreise, gelb, rot auf einem gerundeten Quadrat Weiß komprimieren abstrakte Kunst auf die übliche Meinung, das kann jeder, oder gerade wird durch die Komprimierung die gesamte abstrakte Kunst auf das Wesentliche zurückgeführt, nicht mehr und nicht weniger ist sie, Frage: was ist Kunst. Und das am Kleinwagen, besser, wie bereits erwähnt, Einsteigermodell, diesen Exkurs bietet keine gehobene Klasse, was auch die Frage aufwirft, ob Kunst sich im Reichtum nicht entwickelt, die These, dass nur aus Armut Kunst voran schreitet, in Plastik gegossen, genial, kunstgeschichtlich wertvoll, auf das Wesentliche reduziert und anregend für gehobene Staugespräche während Klassikradio oder mindestens Deutschlandfunk den Stau meldet, mit dem Wunsch, ist meiner dabei?

Was unsere Augen ertragen müssen, Lichtessembles mit dem Anspruch auf Individualität, auch bei den Gehobenen, gerade dort, als Ausdruck des automobilen Ankommens in der Spaßgesellschaft, die längst von Hartz IV eingeholt, der Langsame erreicht irgendwann den Schnellen, also unser Eingangsstau als Basisdemokratie bzw. Beschreibung der ökonomischen Situation, was die Frage wieder aufwirft, kann das Kaninchen die Schnecke einholen, bei unendlich kleiner Zeitteilung nicht möglich, höchstens mathematisch, nur im kollektiven Stehen, Folge eines sechsjährigen Planungszyklusses der Rücksichten, Automobile als Retroveranstaltung, die Leuchten einschließlich schwarzer Löcher oder Sehschlitze, vielmehr ist von der Rückscheibe nicht geblieben, irgendwie erwarte ich eines Tages ein schwarz umrandetes Brezelfenster, technische Notwendigkeit, ich weiß, Kleben statt Gummi reduziert den Stücklohn oder was auch immer wichtig in Talkshows mit Wirtschaftsministern oder Anwärtern, nicht aus dem Gesundheitsbereich, ist, UV-Strahlung der Feind der modernen Befestigung, wird immer weiter aus- besser eingereizt, warum auch nach hinten blicken, bin sowieso schneller, jedenfalls wenn ich fahren kann, suggeriert Blick nach vorn, wenn schon kein Staub auf dem Mittelstreifen blinkend mehr aufgewirbelt werden kann, schwarz nach hinten.

Wäre da nicht die neue Bescheidenheit gehobener Modelle, die vor gar nicht allzu langer Zeit den Sprung vom bespötelten Proll zum dritten Premium schafften, bei denen einzelne Funktionsträger im Rücklichtraum kaum mehr zu erkennen, bei Aktion zu ersehen sind, Abschied von Cohiba Feeling, Lieblingsautomarke eines noch prominenten Rauchgenussvertreters, Fidel zu weit weg, Mini Blinkschlitze in 5 Cent flach Ausmaßen als Ausdruck der schlängelnden unklaren Richtung, keiner soll das Abbiegen sehen, also gerade aus als weiter so trotz Richtungsänderung oder umgekehrt? Oder doch Solidarität früher genannter Herrenfahrer, die mit Handschuh und Feile für Zündkerzenpflege, sehr lange her, die Selbstversorgung postulierten, mit neuer Sicht auf das Einfache und nicht Protzige, sich abgrenzen von Lichtflutungen anderer 3 Liter Aufwärtsmodelle? Offene Gedanken, vielleicht für den nächsten Stau, mit Sonnenbrille, die trotz Markentouch lizenzfrei in chinesischen Fabrikationsanlagen gefertigt wird? Warum wurde das

„Made in Germany" bzw. „Made in GDR" höchstens noch zum „assembled in Germany", sprich die letzte Schraube wird hier eingedreht?

Globalisierung

M Was heißt eigentlich Globalisierung und sind ihre Folgen wirklich schlecht oder endlich die Antwort auf unser schlechtes Gewissen?

Den aktuellen Diskussionen, Schuldzuweisungen und Lösungsvorschlägen zur Beseitigung der ökonomischen Probleme der Bundesrepublik Deutschland, die keiner mehr in Talkshows oder Parteiverlautbarungen hören, in Publikationen lesen oder mangels Kompetenzvertrauens glauben kann, weil sie immer nur den eigenen, meist auch den wirklich eigenen Vorteil oder Besitzstand auf Kosten der vermeintlich anderen Seiten sichern will, mangelt es am Verständnis oder wahrhafter Beschreibung der wirklichen Wurzeln der heutigen Situation. Oder anders ausgedrückt, die individuell verständliche Schlacht um das größte Kuchenstück, die Triebfeder allen Lebens und Handelns, nicht nur ökonomisch in Geldeinheiten ausgedrückt, vergisst die Frage, warum der Kuchen nicht größer ist, nicht sein kann oder warum dies vielleicht, bei allen realen Problemen auch gut so ist, damit er größer wird. Die Veralberung des Publikums und damit der wirklich Betroffenen lässt sich seit der auch das Grundgesetz verhöhnenden offen hervorgebrochenen Machtgeilheit Regierender zurzeit nicht mehr toppen. Ein Sieg der Regierungsinhaber von Rot-Grün hätte nichts an der Bund-Länder Machtverteilung geändert, ein Verlust der Regierungsverantwortung, als Umkehrschluss zum Wohle des Volkes, was ja von den Inhabern mit oder ohne Hilfe höherer Kräfte beeidet und als Neuwahlargument gebracht wurde, hätte uns monatelangen Stillstand im Regieren, viel Getöse, Kosten und schlechte Fernsehprogramme ersparen, eine konsequente Tolerierung einer Minderheitsregierung als vorweggenommene Wahlniederlage wäre mit dem Argument des Nichtregieren Könnens gegen den Bundesrat als Bundesregierung die wirklich uneigennützige, weil für alle sehr nützliche richtige Entscheidung gewesen und hätte die damalige Opposition wirklich gefordert. Und jetzt? Stillstand geht weiter, Kitten und Zuschütten mit Geld für Wahlstimmen, wir erinnern uns an die Ampelfunktionen, die andere Farbkombination steht weiter allen und allem im Wege. Auch diese Abschweifung zeigt, das die ach so politisch korrekt bezeichneten Bürgerinnen und Bürger und ihre ökonomische Situation nur Steigbügel der Machtbesteigung sind, ihre Situation zu verbessern sollte das Primat sein. Der Begriff Primat als Autorität der bevorzugten Stellung wird allerdings immer dann von Amtsinhabern benutzt, um ihre eigenen Interessen durchzusetzen mit dem Anspruch, die Politik könne sowieso alles besser und alle anderen müssten in die richtige Richtung gewiesen werden. Vielleicht ein Rudelführerverständnis der Primaten, unserer verwandten Urahnen.

Der Beitrag richtet sich nicht gegen tatsächliche Opfer der Globalisierung und Krise, die Solidarität mit ihnen und ihre temporäre Unterstützung nicht nur wirtschaftlicher Art sollte immer noch ein besonderes Anliegen unserer auf religiösen, gemeint sind die guten, Traditionen basierenden Gesellschaft sein entgegen aller Vorwürfe wie Manchesterkapitalismus, Thatcherismus, Neoliberalismus etc., die nicht weiter helfen, aber jede Diskussion im Keim ersticken und nur Feindbilder bedienen (sollen). Diese Solidarität kann aber nur geleistet werden, wenn die Gesellschaft dazu, wirtschaftlich und auch willentlich, in der Lage ist und sich selber versteht. Dann ist auch kein Platz für Bauernfänger am Rande des politischen Spektrums. Verstehen ist Grundvoraussetzung für Lösungen, denn der Kuchen kann und wird größer werden.

<u>These</u> 1: Wir haben mehr als fünfzig Jahre auch auf Kosten anderer gelebt.

Jedem denkenden Mitglied unserer bundesrepublikanischen Gesellschaft wurde nach dem letzten Krieg mit zunehmendem eigenen Wohlstand bewusst oder erzieherisch in Form von schulischen Lerneinheiten, politischer Erziehung und Parteiprogrammen, auch außerparlamentarischen, bewusst zu machen versucht, dass die Verteilung des Wohlstandes in der Welt ungerecht, unmenschlich, unsolidarisch, ausbeuterisch und auch unchristlich sei. Dieses Bewusstsein oder die Vorhaltung war in allen politischen Farben gefärbt, Linke unterstützten verbal oder finanziell vermeintliche oder wirkliche Befreiungsbewegungen und Diktaturen, Kirchen sammelten, natürlich getrennt, Konservative und Liberale gaben und sonnten sich im Licht guter Taten, auch sie mal für Diktaturen, Ökoströmungen forderten das Ende der Naturausbeutung mit dem Bild des glücklichen Eingeborenen in nachwachsender Ökologie, Steuergelder wurden von Entwicklungsministern auch nach Wohlverhalten verteilt. Jeder beruhigte sein Gewissen im Rahmen seines Glaubens, sorry, Überzeugung, immer mit dem Gedanken, mir geht es wirtschaftlich gut, also spende oder rede ich betroffen und es geht mir gefühlsmäßig noch besser, aber alle Gaben waren eben immer durch den Geber gesteuert, er bestimmte die Höhe seiner Wohltat, die damit berechenbar blieb. Drüben Staats verordnete Solidarität mit so genannten Freiheitskämpfern, wirtschaftliche Unterstützung vermeintlicher politischer Gesinnungsgenossen und Kalter und heißer Krieg, im Übrigen von beiden Seiten, als Schlacht der Systeme außerhalb des eigenen bescheidenen Wohlstandes.

Gerade das großartige Spendenaufkommen anlässlich aktueller oder permanenter Katastrophen lässt den Verdacht aufkommen, dass im Unterbewusstsein sich der Gedanke tummelt, dass jeder Einzelne vielleicht doch irgendwie Schuld an den wirtschaftlichen Verhältnissen in der Dritten oder höheren Welten, also wirtschaftlich niedrigeren, habe. Wobei ökonomisch die Dritte Welt im Sinne von Wohlstandsmangel auch die ehemaligen Ostblockstaaten einschließt, oder wo wurden beispielsweise die preiswerten Selbstbaumöbel für Wohngemeinschaften, du, ich habe ein Bett gebaut, oder Erstausrüstungen bürgerlicher Wohnzimmer produziert?

Mit anderen Worten, uns, zumindest dem Westen, ging es auch aus diesem Grunde immer besser, weil es der großen Mehrheit dieser Welt schlechter, zumindest für deren Verhältnisse gleich schlecht ging, und das Schlechtergehen besorgten für uns meist von irgendeinem Hauptteilnehmer des kalten Krieges wohlgelittene Diktaturen, Korruption und tatsächlich ausbeutende Unternehmen in Zusammenarbeit mit Diktaturen oder Marionettenstaaten, die diese Ländern im Griff hatten. Letztere Ausprägung endete partiell auch als erste Ölkrise, als Staaten aufbegehrten und der Ölpreis nach der Entkorkung geschüttelt ins Freie konnte. Emotionslos betrachtet, hat sich dieses Überschwappen mittlerweile auf ein normales Maß gedämpft, die staatlich verteuerten Energiepreise liegen immer noch weit unter den übrigen Preissteigerungen seit den 70er Jahren, bitte den Pils-, Weißbier- Altbier- oder Kölschtest machen und bei Bedarf Vattern oder Opa fragen. Durch die bis zum Aufbegehren der Förderstaaten künstlich gedrückten Preise waren alternative Energien kein Begriff, ökonomischer und ökologischer Fortschritt wurde vorher behindert, eben auch die typischen Folgen regulierter Märkte. Ob die Regulierer nun Unternehmen oder Staat heißen, die Zeit anhalten heißt Chancen auf Wohlstand im ökologischen Bewusstsein, für die Staaten allerdings zuständig sein sollten, für alle, Erzeuger und Verbraucher, zu behindern und spätere schmerzhafte Umstellungen wie heute zu fördern. Mit der Konsequenz, dass vermeintliche moralische und gesellschaftlich aufgebaute Konsenzlatten fallen und eine Leere der Werte, für die scheinbar keine Nachfolger definiert werden können, extreme Ausschläge des Handelns, hier Moral, dort Profit als diamental nicht versöhnbare Alternativen gelten.

Auf die Spitze getrieben, die Produktivitätssteigerungen bei uns, die unbestritten ihren positiven Anteil an unsere Wohlstandsmehrung hatten und damit auch Demokratiefans zeugten, wobei Wohlstand auch Freizeit, Bildung, Luxus im Weltmaßstab, Umweltschutz und darüber diskutieren zu können etc. umfassen, führten auch dazu, dass Länder außerhalb der Wohlhabenden im Verhältnis aufgrund immer weiter zurückbleibender Produktivität ihre Handarbeit bei steigenden Weltmarktpreisen immer schlechter vergütet bekamen. Hier trifft das Bild der sich öffnenden Schere endlich einmal die Wirklichkeit. Und wir alle haben gemeinschaftlich diese Länder ausgebeutet und unseren Wohlstand auf deren Kosten gemehrt, ob als Einkommen, Rente oder soziale Leistung. Es war nicht alles unser verdientes Geld! Aber wer mag das sagen? Weder diese Wahrheit noch die Wahrheit der Wiedervereinigungskosten werden öffentlich gemacht, aus Angst vor Abstrafung.

Und den fehlenden Rest haben wir uns auch noch zu Lasten spätere Generationen mit allen möglichen finanzwirtschaftlichen und theoretischen Rechtfertigungen gepumpt. Von wegen, diese Brücke benutzen ja schließlich noch die Enkel. Es gehen immer weniger über die gleiche Brücke, der Geburtenrückgang war seit den 60er Jahren, trotz katholischer Pillenverdrehungen, kein Geheimnis mehr. Immerhin mehr als eine Generation zurückliegende Erkenntnisse, die keiner aus wahltaktischen, sprich Mandats erheischenden Gedanken aussprach oder doch schlicht zu doof war. Die lustigen Thesen des von allen hoch gefeierten und in seiner Aussage beängstigenden „Club of Rome", also die These eines je mehr

Wohlstand, desto höher die Geburtenrate und damit Gefahr für die Menschheit in Form von Grenzen des Wachstums, war in diesem Zusammenhang auch so ein Zukunftsforschers Schwarzloch Produkt, also das Gegenteil einer Sternstunde, die etwas Leuchtendes gebiert. Vereinfacht ausgedrückt lautete einer der Thesen auf Grund linearer Fortschreibung: Wenn Staaten mit wesentlich mehr pro Kopfeinkommen wie z.b. die BRD eine höhere Geburtenrate aufweisen und alle Staaten langsam wohlhabender werden, muss doch wohl die Geburtenrate bei steigendem pro Kopfeinkommen immer weiter steigen, eine explosive Zunahme der Weltbevölkerung als Folge. Dass die heran gezogenen Staaten mit dem höheren Einkommen als übliche Wohlstandsgesellschaften des Westens kleine Emirate mit unermesslichen Ölvorkommen waren und die Geburtenrate eventuell unabhängig von wirtschaftlichen Gegebenheiten war, nun, statistischer Fehler, dumm gelaufen, könnte mal einer eine Korrektur als Bestseller bringen? Nö. Aber der Sommer 2006 und 2009 in Deutschland wird in der Klimadiskussion weiter fortgeschrieben. Die ganze berechtigte Auseinandersetzung um die globale Erwärmung, ob natürlich oder mit welchem Anteil durch Menschen gemacht geriert sich bei genauer Betrachtung nur noch zum Einfordern von Forschungsmitteln zur eigenen Existenzsicherung der Warnenden zwischen zwei CO_2 ausstoßenden Flügen zum nächsten Kongress.

These 2: Die Folgen der Globalisierung ist die größte Solidarität, die wir geben können

Was passiert? Produktion und damit Arbeitsplätze werden, auch zur Sicherung hiesiger Arbeitsplätze ins Ausland verlagert, Lohndumping, Geiz ist geil Mentalität kauft zum eigenen Schaden nur noch Produkte aus Billiglohnländern mit Menschenrechtsverletzungen, Osterweiterung der EU im Stundentakt, EU Subventionen für Arbeitsplatzverlagerungen, Kürzung sozialer aber auch einge-

zahlter Leistungen, wobei hier nicht die immer wieder vorgetäuschte Diskussion um die Arbeitslosenversicherung als Anspar-
gemeinschaft gemeint ist, Niedriglohnforderungen, staatliche,
auch mit dem Argument der Ökologie, Verteuerung von Grundbedürfnissen und damit Senkung der Konsumausgaben zur Finan-
zierung sozialer Leistungen aus der Wohlstandsdiebstahlzeit zu
Lasten Dritter, die dritte Welt, Gegenfinanzierungsforderungen als
verschobene Festschreibung des Status Quo und staatliche Lang-
weiligkeit ohne Mut zum Umbruch oder Verschlankung, die Politik hechelt willfährig, weil positionserhaltend, den von ihnen oder
Interessenvertretern durch das Dorf getriebenen Sauen hinterher
oder auch nicht. Kein Fernsehabend, besonders die am Sonntag,
ohne solche Nachrichten, Diskussionen und „ich hab' auch noch
‚ne Idee dazu" und „das reicht noch nicht", Schuldzuweisungen
und freundlich ausgedrückt, Halbwissen statt bewusster Lüge.

Betrachten wir einmal emotionslos, also losgelöst vom realen bekannten oder gedachten Einzelschicksal, nur so kann man zu
wirklichen Lösungen kommen, die Auswirkungen der
Globalisierung, stellen wir fest, dass entsprechend dem physika-
lischem Prinzip der kommunizierenden Röhren wir etwas vom
(geklauten oder gepumpten) Wohlstand abgeben was andere
hinzugewinnen. War das nicht immer das, was gute Menschen als
Solidarität bezeichneten? Es tut natürlich weh, wenn dies mit einer
Wucht geschieht, die wir in den letzten fünfzig Jahren nicht
kannten, erfolgreich verhindert, andere mit Mauersteinen
verhindert oder wir verhindern lassen haben, siehe oben das Bild
des Sektkorkens und unsere Wohlstandhelfer in all ihren bis zur
menschenverachtenden diktatorischen Ausprägung. Die
Bundesrepublik ist im Gegensatz zu unseren europäischen
Nachbarn, die auch in diesen unerträglichen Talkshows punktuell
als Reformvorbilder gefeiert werden, mit besonderen historischen
und geographischen Bedingungen gebeutelt: Der Arbeitsweg aus

telt: Der Arbeitsweg aus dem Osten ist zu uns nun einmal kürzer als auf eine Insel oder Frankreich, gut, dies gilt auch für Österreich, aber wer hat von allen europäischen Altunionisten schon die finanzielle Verantwortung für rund zwanzig Millionen Menschen und eine entsprechend große marode Volkswirtschaft und Umwelt übernommen? Und mal ehrlich, dafür halten wir uns, und darauf sollte mann/frau unabhängig von Geschlecht, Ost oder West, Ursprungsnationalität, Religion oder Nichtglauben in Deutschland wirklich stolz sein, ein Wort, das wirklich sparsam benutzt werden sollte, im internationalen Vergleich trotz aller professioneller Schlechtrederei unserer unabhängigen Weisen und Verbandsvertreter in ihrer wirtschaftlichen Abgesichertheit, recht gut. Auch wenn die versprochenen blühenden Landschaften vielleicht ein anderes Bild assoziierten, im Gegensatz zur Vorwendezeit blüht es entgegen aller Propaganda real wirklich, oder wie muss man ein doch auf zugegeben wirtschaftlich oftmals bescheideneres aber lebenswerten Niveau abgesichertes Leben in ökologisch und ökonomisch gereinigter Umwelt, mit gesicherten Menschenrechten und Freiheit bezeichnen? Welkende Landschaften seit der Wende, um die weiter oben benutzte Gegenteilmethode von Begriffen zu benutzen? Das ging wohl kaum noch, bei aller vielleicht noch verständlicher oder persönlicher Verklärtheit Einzelner mit Vergangenheitssehnsucht, diese Zustände kann mann/frau wirklich nicht sehnen oder wünschen wollen.

Und noch ernsthafter, was hätte ein Dritter Weltkrieg, der latent immer lauerte, gekostet? So gesehen sind die immer noch anfallenden Kosten der Wiedervereinigung als Zukunft, auch zu Lasten folgender Generationen sehr gut angelegt, auch wenn praktische Fehler gemacht wurden, Förderung unsinniger Projekte, zu hohe Steuersätze, Sozialversicherungsbeiträge und staatliche Zwangsabgaben den Konsum einschränken und die Produktion zusätzlich verteuern, letzteres angemerkt ohne die alberne Diskussion um

Lohnzusatzkosten, Lohnstückkosten, Exportweltmeister, was wurde dafür importiert?, alles Rituale reinster Interessenvertretungen, was grundsätzlich in freiheitlichen Gesellschaften zulässig, aber nicht hilfreich, weil blind machend und verblödend ist.

Und das wirklich Erschreckende an solchen Statements ist, dass in der Politik so wenig Wissen vorhanden ist, wenn wir einmal wohlwollend die bewusste Unwahrheit ausschließen, viele freie Statements unserer Spitzenpolitiker mit ihren abgedroschenen Standardphrasen, gerne auch am oben genannten Sonntag, sind objektiv, faktisch, ökonomisch und rechtlich einfach nur verkehrt, bedienen lediglich Feinbilder, Rosinenpicken für den eigenen Kuchen. Auf Neudeutsch würden solche Argumente als Ergebnisse eines Schnellbriefings bezeichnet werden, es kommt immer der Eindruck auf, dass die Ministerialen gefragt würden, was spricht für uns, vergesst den Zusammenhang, gebt mir Schlagworte. Und von diesen Stichwortgebern werden Gesetze gemacht, Richtlinien erlassen, die dann aufgrund Unverständlichkeit und Fehlern entsprechend dotierte Fachaufsätze und Vortragsveranstaltungen eben dieser Gesetzesformulierer erfordern, selbst geschaffene Arbeitsplatzgarantie von der alle anderen nur träumen können. Mach ich Fehler, bekomm' ich mehr. Und das ist noch die billigste Ausprägung, die wirklichen Kosten so genannter handwerklicher Fehler bei Gesetzen, im Übrigen eine Beleidigung des Handwerkstandes, sprengen die Haushalte und keiner der Paragraphenschöpfer muss persönliche Konsequenzen ziehen.

These 3: Die gescholtenen global handelnden Unternehmen sind, bei aller berechtigten Kritik im Detail, die schnellsten Transmissionsriemen einer gelebten Solidarität zur allgemeinen Wohlstandssteigerung

Ja, die von christlich bis links oder grün vorgebrachte Kritik an einigen Unternehmensführen ist gerechtfertigt. Nur, Schlagworte wie verantwortungslose Unternehmer, erinnert irgendwie an vaterlandslose Gesellen, Raffmentalität der Manager, ein bekannter Unternehmensberater hat es tatsächlich als Abwehr der Diskussion geschafft, ein F aus der Diskussion herauszunehmen, pauschalierend etc. mögen die emotionalen Bedürfnisse vieler Menschen, besonders im Wahlkampf, erfüllen, sind aber bei nüchterner Betrachtung einfach zu kurz gesprungen im Hinblick auf die Probleme, vor denen dieses Land steht.

Wo finden wir Unternehmer im Zusammenhang mit der Diskussion um Großunternehmen und ihre vermeintlichen Schandtaten? Diese Unternehmen zeichnen sich doch gerade dadurch aus, dass sie sich im Besitz von Banken, Fondgesellschaften, oftmals noch vom Staat und einigen Kleinaktionären befinden, das Schlagwort vom Unternehmer bedient lediglich alte Klassenkampfbegriffe mit der Hoffnung auf Erinnerung der Schlechtigkeit von Kapitalisten. Insbesondere das neue Feindbild Hedgefond, kannte bis Münteferings Ausfällen bestimmt nur eine Handvoll Interessierter, bedient schon latente Fremdenangst, dort geschieht etwas, was wir nicht verstehen, anonym, dumpf, im Hintergrund, zu Lasten des deutschen Arbeiters, hallo aufgewacht, was feiern wir eigentlich jedes Jahr im Mai seit 1945? Vorsicht ob der Geister, die dort gerufen werden. Und bitte nicht zu vergessen, wer legt sein Geld zu null Prozent Zinsen an, verlangen wir nicht eine Mindestverzinsung von unseren Lebensversicherungen, Sparbüchern, spekulieren auf steigende Kurse, zugegeben, zur Zeit nach dem Crash etwas aus der Mode, etc.? Das sind diese Fonds, auch wenn sie meist ausländisches Geld, aber zum gleichen Zweck gesammelt haben. Sind amerikanische Bürger, die ihre Beiträge zur Altersvorsorge verzinst sehen möchten, schlechter als deutsche Lebensversicherungskunden oder Riester-Rente-Anwärter?

Manager, genauer Vorstände, im Zusammenhang mit Unternehmerschelte als Unternehmer zu bezeichnen, ist in den diskutierten Fällen auch so ein Griff in die historische Klamottenkiste und beleidigt tatsächliche Unternehmer. Bis auf ihren Arbeitsplatz und Ruf, letzteres auch nicht wirklich, haben diese genannten Manager nichts zu verlieren, so leicht hat es ein wirklicher Unternehmer leider nicht.

Sicherlich sind manche der diskutierten Vorstandbezüge, gerade in Anbetracht einiger gigantischer Kapitalvernichtungen, die diese in ihrer Position, auch mit Hilfe der oben angesprochenen Unternehmensberater, vollbracht haben, geschmacklos und jenseits jeder Anständigkeit. Das hat jetzt nichts mit Neiddiskussionen zu tun, aber wo ist eigentlich die Gegenleistung? Aber eines sollte nicht vergessen werden, die Höhe der Bezüge wurde nicht von ihnen festgesetzt, dafür ist der gewählte Aufsichtsrat als Vertreter der Aktionäre, oftmals eben auch noch der Staat, zuständig. Und, eine vermeintliche oder tatsächliche Überbezahlung von z.B. 6 Millionen EURO eines Vorstandes bedeutet ca. 130 Arbeitsplätze in einem Unternehmen, die zusätzlich bezahlt werden könnten, aber, bei den paar Unternehmen mit gescholtener Selbstbedienungsmentalität, hülfe dies großartig gegen die Massenarbeitslosigkeit? Eher nicht, wäre aber sicherlich ein Beitrag zur Glaubwürdigkeit bei dem soundsovielten Statement in den Medien.

Rein wirtschaftstechnisch betrachtet, führen die Arbeitsplatzbewegungen der so genannten global handelnden Unternehmen, trotz vielfach anzutreffender Fehlentscheidungen, über die Grenzen auf dem schnellsten Wege dazu, dass der Wohlstand in den armen

Ländern angehoben wird, also die alte Forderung nach Solidarität, und dass damit der abfließende Wohlstand bei uns möglichst schnell zum Stoppen kommt, oder geht irgendjemand davon aus, dass das niedrige Lohnniveau in den betroffenen freien Ländern so bleibt? Freie Menschen lassen sich auf Dauer nicht ausbeuten, auch chinesische Arbeiter jenseits wirklicher Freiheit verspüren schon jetzt das Bedürfnis, höher entlohnt zu werden. Und das Ausweichen auf die nächsten armen Länder ist durch die begrenzte Erde physisch ausgeschlossen, es gibt sie zwar, aber dort regieren trotz reichster Ressourcen scheinbar andere Gesetzmäßigkeiten, die nicht nur mit Folgen einer Kolonialherrschaft oder Ausbeutung durch Multis erklärt werden können. Der Wohlstandsverlust vieler afrikanischer Staaten einschließlich der inneren Gewalttätigkeit verschließt sich aller herkömmlichen political correcten ökonomischer Lösungen oder Erklärungen und ist immer noch nicht mit unseren bisherigen entwicklungshelfenden Maßnahmen zu lösen. Und darüber hat ernsthaft, jedenfalls abgeleitet aus den vorzufindenden Projekten und Nichterfolgen, noch kein Entwicklungsminister/in ernsthaft nachgedacht. Geld, Gaben und Betroffenheit zu verteilen ist einfach, populär und medienwirksam, aber hilft nicht dem Produzenten vor Ort, wie soll er verkaufen, wenn es seine Produkte auch umsonst als Hilfslieferung gibt, nur um ein Problem zu benennen.

In diesem Sinne ist die EU-Erweiterung mit all ihren Problemen für uns, den Kosten, den Billiglöhnen ein noch schnellerer Weg, das Niveau anzugleichen. Natürlich wird es zuerst viele Verlierer geben, durch die EU-Regelungswut für Standards, für uns ein ärgerliches Hemmnis bis ins Lächerliche, in den Erweiterungsländern ein Lohnverteuerer, ist aber gewährleistet, dass die Angleichung des östlichen Lohnes an unsere noch schneller von statten geht, ohne EU würde es länger dauern. Dass die EU endlich auch einmal auf schlanke Füße gestellt werden sollte, ein Wunschtraum, ein

Blick auf die nicht zustande gekommene Verfassung und des nachfolgenden Vertrages einschließlich ihrer hunderte Seiten von Anhängen zur Besitzstandswahrung spricht Bände, ist dabei ein anderes Thema. Noch ein Überregulierer, den es zu verschlanken gilt. Warum nimmt keiner die Erfahrungen des untergegangenen Ostblocks in sich auf, dass große Einheiten auf Dauer nicht wirtschaftlich steuerbar sind? Der Vorwurf richtet sich an Staat und so genannte Weltkonzerne mit ihren zickenhaften Verhaltensweisen im Management. Ganz einfach: Kein General gibt freiwillig Truppen ab und angebliche Größe erhöht selbst. Bis zum Fall. Dieser ist dann auch höher. Aber für die hier Angesprochenen auch meist flauschig weich aufgefangen, also eine Aufforderung zum weiter so.

Diese Rolle eines Wohlstandsverteilers wird durch die global handelnden Unternehmen bei aller berechtigten Kritik an Auswüchsen hervorragend geleistet, schnell und effektiv, so wie kein Staatsgefüge dieses aufgrund langer und ineffizienter Entscheidungswege, wenn den überhaupt, geleistet werden kann. Gerade die Expansion der mittelständischen Unternehmen mit ihren überschaubaren Einheiten sind dabei die wichtigen Wohlstandsmehrer. Aus diesem Verständnis muss der Staat sich auf das besinnen, was seine eigentliche Aufgabe ist: Rahmenbedingungen setzen um den Wohlstand im eigenen Land, Union oder sonstigen Verband voranzutreiben und die wirklich Schwachen und temporären Verlierer zu unterstützen, mitzuziehen und dabei auf die ökologischen Belange achten. Und die global gewordenen Möglichkeiten der illegalen Wiederentdeckung von Sklaverei, Ausbeutung, Schleusung, all die überwunden geglaubten Auswüchse im nationalen Bereich, international bekämpfen.

Einmischungen des Staates in Märkte, Regulierungswut führen immer zu Auswüchsen, die nur noch durch weitere Einmischungen und Regulierungen zu Lasten des Wohlstandes zeitweilig zu bändigen sind bis der nächste Eingriff erfolgen muss, bis die Kosten der Regulierung nicht mehr bezahlbar sind. Gleiches gilt für Regulierungen durch Unternehmen, siehe Ölpreis, Regulierung bedeutet Verbiegung tatsächlicher Angebots- und Nachfragemechanismen. Ein ewiges Beispiel ist die so genannte Gesundheitspolitik, ständig werden irgendwelche Schräubchen gedreht und alles wird teurer und die Versorgung schlechter. Provokant gefragt, im mittlerweile weitestgehend entstaatlichten Telefonmarkt sind die Kosten gesunken, das Angebot wesentlich verbessert, warum sollte eine Flat-Rate nicht auch im Gesundheitswesen funktionieren? Dazu wäre allerdings auch ein radikales Freigeben der Gesundheitsbeiträge aller Versicherten in die wirklich heilenden Kanäle vonnöten, solange die Verwaltung der Krankenkassen den Ausgaben für praktische Hausärzte entspricht, kann kein Schräubchen aus den Bastelstuben der Ministerien mit freundlicher Unterstützung interessierter Kreise die Kosten bremsen. Und eins muss wirklich ins Bewusstsein aller Einzug halten:

Die Summe aller Einzelentscheidungen über die Verwendung von Geld bringt mehr Fortschritt und Wohlstand als die Anmaßung des Staates, der bessere Hausvater zu sein, er kann es nicht, wie beschrieben ohne auf Kosten Dritter in der Welt, mit Welt sind auch die so genannten, zumindest sprachlich, gehätschelten Staatsbürgerinnen und –bürger gemeint. Auch wenn Politiker mehr oder weniger ausgeprägt dieses glauben und die Lufthoheit über menschlichen Entscheidungen beanspruchen. Und in diesem Denken zur Freiheit aller haben auch die vermissten Werte ihren Platz, weil wir sie uns dann leisten können. Und da in Masse immer noch das wirtschaftliche Sein das Bewusstsein, also auch die politische Richtung bestimmt, ist dies die einzige Chance, demokratische Stabilität jenseits von Rechts und Links im verhüllenden demokratischen Gewand zu gewährleisten. Und das sollte wirklich das Ziel aller Denkenden sein.

Soweit die Markt weise und gelobte Weise, doch wirklich weise im Angesicht beobachtbar marktferner Märkte, entfesselten Kräften im ehemals geplanten Glück? Beobachten wir die durch das Dorf getriebenen Sauen marktschreierischer Interessen, schleicht sich die Erkenntnis ein, dass notwendige und richtige Anpassungsprozesse, das Verlassen des beschriebenen gepumpten und erbeuteten Glückes der westlichen Nachkriegsjahre, ausgenutzt werden, das Eigeninteresse, wohl altmodisch Ausbeutung zu nennen, durchgepeitscht werden sollen. Oder wie ist es zu verstehen, wenn der Zuzug von so genannten Hochqualifizierten bei einer hohen Zahl von arbeitlosen Hochqualifizierten durch Industrieverbände angemahnt wird? Es begegnet uns hier doch wohl der Wunsch nach wohlfeiler Arbeitskraft zur Senkung der Arbeitskosten durch Konkurrenz. Konsequent wäre dann auch der Ruf nach erleichterten Zuzugsbedingungen für hoch qualifizierte Führungskräfte. Schon einmal gehört? Wie ist die um sich greifende Entlohnung unterhalb des Existenzminimums zu verstehen? Warum schrie die Wirtschaft nach einer Abschaffung des deutschen Diploms und forderte den Master und Bachelor, ohne jetzt solche Vorqualifizierten einzustellen? Warum wird jede Massenentlassung, vornehm sozial verträglich genannt, auch bei offensichtlichen Fehlern der Entscheidungselite, mit der modernen Absolution Globalisierung gerechtfertigt? Einfach betrachtet, fehlt zur Zeit der Gegenentwurf, der die Meinungsmarktbeherrscher zur sozialen Verantwortung zwingt, Globalisierung als alles erschlagende Argument für jedwedes menschenverachtendes Ansinnen ist auf der Tagesordnung. Unser bisheriges Sozialsystem, dessen Ursprung im 19. Jahrhundert liegt, war schließlich eine Antwort auf das Erstarken der Arbeiterbewegung bzw. dessen gesetzliche Einschränkung. Auch war die Mitbestimmung der Vorwende-Bundesrepublik ein Zugeständnis an die Gewerkschaften und gleichzeitig ein mit in das Unternehmensboot ziehen, ein Mittel wirtschaftlicher Prosperität. Insofern treffen wir auch bei diesen wenigen Beispielen, obwohl im Zusammenhang mit der zugrunde liegenden Weltanschauung des Sozialsystem Auslösenden ein Widerspruch, ein Marktsystem. Und wo ist heute der Marktteilnehmer, der dem globalen Argument entgegentritt oder zumindest zur Mäßigung der Kräfte führt, also den Druck unter dem Sektkorken nimmt bzw. ihn im Flug abbremst?

Die Wohlstandstheorie des Marktes lebt von mehr oder weniger vollkommenen Märkten, nur sie sichern für alle Teilnehmer in Summe das optimale Ergebnis, wobei optimal immer nur das Beste unter den herrschenden Umweltbedingungen beschreibt. Die Umweltbedingungen, und damit ist mehr als die Natürlichkeit gemeint, zu verbessern, bedeutet daher immer auch, das mögliche Optimum auf eine höhere Stufe hieven zu können. Aber, durch den Wegfall der „sozialistischen" Bedrohung in Form von Ideen, Illusionen und Gerechtigkeitsgefühlen, auch wenn sie in den uns bekannten Umsetzungen nie gelebt wurden, aufgrund letztendlich egoistischer Menschlichkeit auch wohl immer Utopie bleiben werden, ist die Meinungsmarktmacht ungleich verteilt. Das Argument Globalisierung und alle daraus abgeleiteten Ansinnen, auch noch die sozial unanständigsten, hat eine monopolistische Stellung und bestimmt zur Zeit den Preis der wirtschaftlichen Freiheit. Da die Politik in den meisten Fällen infolge Erpressbarkeit, sprich das Argument der abwandernden Arbeitsplätze, dieses Monopol nicht durchbrechen kann oder willfährig aus Eigennutz nicht will, bleiben nur zwei Alternativen zur Verschiebung der Marktkurven:

Einerseits und beobachtbar oben beschrieben, die mittel- bzw. langfristige Anhebung von sozialen Standards im Dorf Welt, die andere ist eine moralische und ethische Verantwortung, die nur erhofft werden kann. Damit sind keine leeren Glaubenssätze atlantischer Prägung wie ethic- und corporate governance Erklärungen gemeint, die nur dem unternehmerischen Eigennutz oder als Feigenblatt dienen, sondern Wertvorstellungen, die den Menschen in den Vordergrund stellen. Und wie werden solche Ansprüche, wenn auch zuweilen chaotisch in Ausprägung Globalisierungskritikern vorgebracht, behandelt? Zumindest als Terrorgefahr. Es schleicht sich der Verdacht ein, dass die Politik die (Meinungs-) Monopolisten der Globalisierung willfährig unterstützt und sich zur Beruhigung weiter in der Rolle des sozialen Reparaturbetriebes gefällt, auch so ein Begriff, der ungeliebt, unverarbeitet und vergessen im Schlagwortschrank der (westlichen) Republik vor sich hin verstaubt. Was war die Idee dieses Schlagwortes abseits aller Übertreibung? Politik kann die Entwicklung der Monopole nicht bremsen und kontrollieren, also verbleibt die Aufgabe, die Folgen, menschlich und auch ökonomisch, zu heilen. Richtig, die skandierte Monopolisierung der Entwicklung kann zumindest wirtschaftlich nicht verifiziert werden, aber die tatsächliche Hilflosigkeit der Politik im Angesicht des Globalisierungsmonopols weist ihr tatsächlich die Rolle des Reparaturbetriebes in der Ausprägung des gegenüber dem Meinungsmonopol vorauseilenden Gehorsams zu, und sehr viele gefallen sich in dieser Rolle, abgesichert und fern ab jedweder Selbsterfahrung eigener beschlossener Sparmaßnahmen. Natürlich bedarf es solcher Maßnahmen, siehe oben zu unserer Pumpqualität. Wer die Reparaturkosten bezahlt, soll hier gar nicht erst untersucht werden. Wie oben beschrieben, es geht hier nicht um das geklaute und damit abzubauende Wohlstandsniveau der Vorwendezeit im Westen.

Womit wir beim Thema Grundkonstanten wären: Das von Marx und Engels in Europa erweckte Gespenst des Kommunismus, und wenn es noch so schlecht und menschenverachtend umgesetzt wurde, bot immerhin Gewähr dafür, dass die Welt des Kapitalismus zumindest in den entwickelten Industriestaaten auch die wirklich Schwachen aus Angstgefühlen heraus schützte. Und was sind die politischen Konsequenzen heute? Ein historischer Treppenwitz in schönster Ausprägung: Die Parteinachfolger der Vorgänger oder auch Gebliebenen, deren Wunschsystem mit seinen ökonomischen und ökologischen Folgen die Aufräumkosten uns hinterlassen hat, zeigen mit dem Finger auf auch aus diesen Gründen Folgen knapper Mittel und ernten in freien Wahlen Prozente. Aber ehrlich gefragt und geantwortet, mahnt sonst irgendjemand medienwirksam mehr Menschlichkeit an? Dass diese Mahnungen populistischen Zwecken dienen, der Menschlichkeitsbegriff der Vor- und teilweise Nachgänger alles andere als menschlich war und ist, ändert nichts an der Tatsache, dass scheinbar nur so die versammelte politische Mitte auch mal über den Tellerrand der Selbstzufriedenheit blickt. Und dieses Blicken bedeutet eben nicht, sich an das gewünschte System dieser Fingerzeiger anzubiedern. Wäre das eine erfolgreiche Strategie, wäre die Bundesrepublik vor der Wende eine DDR geworden und dieses Buch hätte es nie gegeben. Gerade die Schere BRD – DDR war das, wenn auch in Teilen geraubte, Erfolgsmodell. Und nur das Rauben wird gerade abgeschafft.

Eine gibt eine Notwendigkeit des politischen Marksystems, um die Kurven zum Optimum für alle zu verschieben, also auch hier der reine weise Markt, der uns begegnet. Aber der andere Teilnehmer zur Optimierung fehlt eben oder wie fühlt sich eigentlich ein Vietcong Veteran beim Blick auf die Cola Leuchtreklame und dem amerikanischen Lebensstil in seinem Land?

Farben und Uhren

Ich bin, also denke ich, grün oder rot oder anders, ich denke, ich leuchte, also bin ich, die Frage einige Seiten vorher kehrt immer wieder zum Denken und Sein zurück. Und zu diesem Zeitpunkt des Schreibens beschleicht mich das Problem mit der Uhr, der Küchenuhr, die langsam vor sich hintickt, meist in so genannter Absackstunde, sprich letzter Tabak und Alkohol, letzte Aussage bitte nicht von unter 16 bzw. 18jährigen zu lesen, ach ja, jene, die Uhr, ist irgendwie atomuhrartig, wie zu erzählen nicht artig, mit einer Impuls gebenden Uhr in Braunschweig, themengerecht nicht weit des Teilungsstreifens gelegen, verbunden mit dem menschlichen Grundbedürfnis, z.B. das Eierkochen mit einer Kochzeit von mehr als vielfachen Milliarden von Jahren sekundengenau abzuschließen zu können. Das war jetzt natürlich übertrieben, die automatische Anpassung der Sommer- und Winterzeit, eine Sicherheit über die wahre Zeit nach Sekunden- oder Stundenschlaf hat natürlich ihren Ursprung nach Verlässlichkeit im Leben. Wozu erwerben wir so ein Teil? Um jederzeit über die Zeit informiert zu sein, übrigens einer der für jeden möglichen Vorhersagen, im Gegensatz zum Wetter, des Wirtschaftswachstums und des eigenen Erfolgs:

Zukunftsprognosen die eintreffen. Um 18:00 Uhr kann die Vorhersage, dass es in 30 Minuten 18:30 ist, niemals falsch sein, ein schon menschliches, in unseren und unserer Republiken stark ausgeprägtes Grundbedürfnis, dass beide Staatsformen in der Zeit der Teilung boten und damit in West und Ost eine Sehnsucht nach solchen Zeiten aufkommen lässt. Wie so vieles, auch das Gefühl der wirtschaftlichen Sicherheit und meist vorhandener Arbeitsplätze bei auskömmlichen Sozialleistungen, des vordergründig steigenden Wohlstands, der vielfach geklaute und gepumpte, lässt im heutigen Sein die Wessis ihre Westalgie ausleben. Aber sie taucht medial oder parteipolitisch ausgeschlachtet irgendwie nicht auf, die Ostalgie konnte sich im Gegensatz dazu medienwirksam in Szene setzen und besetzt fast hundert Prozent Marktanteil der Meinungsbildung zum Thema, ach war es doch schön! Kein Wunder, dass reaktionäre Kräfte, im Sinne des Wortes die zurück Schreitenden, also die Partei, deren Namen seit der Wende ständig im Fluss ist, erfolgreich mit und für diesen Marketingerfolg lebt. Früher hieß das Agitprop als Kunstwort aus Agitation und Propaganda und wurde bestimmt in irgendeiner Hauptabteilung bis zum Professorentitel gelehrt und heute mit einer auskömmlichen Pension für den Lehrenden belohnt.

Die ursprünglichen Westparteien sollten einmal überdenken, ob nicht dieser durchschlagende Erfolg einer Methode Einfluss auf die gewünschte eigene Meinungsführerschaft nehmen könnte. Also z.B. wieder bei ökologischen Altlasten von der so genannten DDR zu sprechen, unverbindlich Lehrmittelfreiheit für Schüler zu fordern, dem ehemaligen Ostblock die Schuld an der Misere zu geben anstatt mit neuen Zaren zu kuscheln. Sind ja nur, wie es immer bei Problemlösungsansätzen sein sollte, erste Brainstorming-, also unzensierte Ideen. Irgendein Arbeitskreis, aber Achtung, Kreativität sollte schon bisschen bei den Mitgliedern vorhanden sein, also nicht die üblichen Verdächtigen aus Verwaltung und Lobbyisten für solche Kaffeekränzchen, ließe sich doch bestimmt dafür einrichten? Als ich bin Deutschland mach ich doch da mit. Aber genug der Abschweifung, weiter am Aufzug der Uhr.

Zum Verständnis für die 50- (sprich fünfzig minus) Generation, die bisher noch nicht in den Altersbericht der Bundesregierung aufgenommen wird und nicht zu bekennenden Uhrensammlern alter Zeiten gehören bzw. solche neu aufgelegten Altmodelle nicht kennen, es gab einmal Uhren, die ohne Batterie liefen. Der Antrieb der Mechanik erfolgte über eine aufgerollte Feder, die gespannt, also enger gerollt werden musste und die ihre dadurch gespeicherte Energie durch Entspannung an das Uhrwerk abgab, gab die Entspannungspolitik doch Energie zur Entwicklung zum Heute ab oder versuchte sie doch nur, den Status Quo der Weltteilung zu vermenschlichen, gab dafür ihre Energie, auf jeden Fall gedanklich ein kleines Zugeständnis zur oben rein ökonomisch betrachteten Entwicklung. Oder ging beides unbewusst nebeneinander her? Etwas zum Weiterdenken nach der Lektüre, vielleicht. Den Vorgang des Federspannens nennt man aufziehen, ursprünglich wohl bezogen auf Uhren, die ihre Energie dadurch erhielten, dass hochgezogene Gewichte für die notwendige Energie sorgten, also etwas ganz anderes als die Metapher von jemanden aufzuziehen. Der Leser mag jetzt fragen, muss diese Abschweifung nun auch noch sein, wissen wir doch meist, kann ein Lexikon oder das Internet doch viel besser und anschaulicher sprachlich und bebildert erklären. Bei einer solchen Fragestellung stellt sich aber die Frage, wobei letztere das Ei und nicht die Henne ist, warum wurde weiter oben der Ruf nach kreativen Westalgien denn gestellt? Auch eine niedergegangene typisch westdeutsche im Schwarzwald angesiedelte Handwerkskunst, die der Kuckucksuhren Herstellung, ist doch angesichts ungenießbarer Plastikausführungen asiatischer Produktion auch ein schönes Beispiel für Retrosehnsucht. Im Bereich der Uhren hat es das sächsische Handwerk schließlich auch geschafft, untergegangene mechanische Qualität wieder auf den, vom Anspruch her Jahrzehnte späteren, Markt zu führen. Damit ist die Uhr, abgeleitet aus der küchigen ein gutes Beispiel für die unterschiedliche Neuerarbeitung gewesener Qualitäten. War ja nur ein spontanes Beispiel mit dem Kuckuck, was gerade einfiel, gibt bestimmt Wichtigeres. Aber nun wirklich zurück.

Die Befriedigung des Bedürfnisses nach Sicherheit der künftigen Entwicklung lässt sich nur im System der Uhrzeit finden. Und das in unendlichen Variationsmöglichkeiten. Auch wenn das All im-

oder explodiert, ausgehend von der von uns definierten Erdzeit, lässt sich das Auftauchen von Supernovae, Krümmungen und ähnlichen Ausprägungen immer noch festhalten, von wem auch immer und ob es überhaupt jemanden interessiert. Aber möglich bleibt es. Und das ist das schöne daran, Sicherheit der Vorhersagen in meiner Realität und Messlatten.

Und dann das. Die Uhr, wie gesagt wegen der gewünschten Zuverlässigkeit beim Eierkochen mit gefunkter Genauigkeit, rattert etwa kurz vor dieser Stelle des Textes los, die Zeiger rasen mit einer Geschwindigkeit, gemessen am Armband, von einer Stunde pro fünfundvierzig Sekunden los und kommen nach dreiundzwanzig Stunden zum Stillstand, danach tun sie so, als sei nichts geschehen. Und das nicht an einem Tag der Zeitumstellung, bevor Sie jetzt verzweifelt nachrechnen, es wäre die Umstellung auf die Winterzeit, oder? sondern einfach mitten drin. Wäre es nur einmal passiert, nun ja, jede Technik hat einmal Aussetzer, Batterie leer, Funkloch oder ähnliches, aber das Eigenleben der Uhr häuft sich auffällig, Batterien natürlich ausgetauscht. Aus den dreiundzwanzig Stunden werden mal zweiundzwanzig oder fünfundzwanzig, aber, sie kehrte bisher irgendwann, meist unbeobachtet zur relativen, weil menschlich genormten, Wahrheit zurück.

Um technischen Einwürfen gleich zu begegnen, natürlich ist es normal, dass eine Zeiger behaftete Uhr sich wahrscheinlich nur nach vorne korrigieren kann, im Gegensatz zur digitalen Ausführung, mögliche Abweichungen, die sie per Funk erkennt, nur durch Drehen der Zeiger über vierundzwanzig Stunden, mehr oder weniger, korrigieren kann. Dass dabei ganze Stunden verschwinden oder hinzugewonnen werden, lässt stutzig werden, über das Leben nachdenken und hat ja vielleicht einen tieferen Sinn, der es Wert ist, einige Minuten unserer Zeit damit zu verbringen. Wenn wir Glück haben, ist es sogar in einer geschenkten Zeit die später, weil unbeobachtet wieder unbemerkt zurück-genommen wird. Insofern ist dabei nichts verloren sondern be-wusst gewonnen.

Oben wurde postuliert, dass die Vorhersage der Zeit die einzige sichere Vorhersage der Zukunft ist. Alle anderen messbaren Vor-hersagen wie etwa drei Meter weiter, also Längenmaße oder vier Seiten weiter in diesem Buch sind keine Zukunftsaussagen, son-dern nur einfache mittels irgendwelcher Normen bestimmbare Abstände die nicht so eintreten müssen. Drei Meter weiter heißt dort nicht drei Meter weiter, weil keiner muss drei Meter weiter sich befinden und vier Seiten weiter in diesem Buch heißt nicht vier Seiten weiter in diesem Buch, schlagen Sie zur Überprüfung ruhig vor und dann wieder zurück. Falls Sie dabei das Buch für immer aus der Hand gelegt haben sollten, werden Sie die Seite nie lesen, also abhängiger Abstand von Ihrem Wollen oder Können. Eben nur eine Abstandsbeschreibung aber kein Fortschritt in Sicherheit.

Wenn Sie aber jetzt z.B. um dreiundzwanzig Uhr und dreißig Se-kunden das folgende Komma sehen, ist es dreißig Sekunden da-nach dreiundzwanzig Uhr und eine Minute, egal ob sie es betrach-tet haben oder nicht. Und dann ist es auch so und sie ist da, die aktuelle Zeit, die erwartete und immer erfüllte Zeit, egal, ob sie das Buch zwischenzeitliche in die Ecke geworfen haben. Daran ändert auch ein wohlmögliches Hüpfen durch die Zeit in irgendwelchen gekrümmten Räumen nichts, wenn mann/frau es tatsächlich ein-mal durchführt, ist der Zeitpunkt eines möglichen Überholens sei-ner selbst wiederum bestimmbar, d.h., auch mögliche negative Zeiten oder überproportionale zur erdlichen Realität sind dann vorhersehbar. Die eigene Überholung kann die Zeit genauso nen-nen wie der Überholte, obwohl beide eine Person sind, sprich, die Vorhersagbarkeit ist in dem Moment für beide bestätigt und nenn-bar.

Ist das nicht schön und beruhigend? Abseits aller Glaubens- und Schöpferfragen etwas zwar nicht Greifbares, welches die Zeit als unbegreifliches im wörtlichen Sinne ist, aber immer berechenbares, das genauso eintritt, zu haben? Mit diesen Gedanken lassen sich vielleicht auch die vielen monumentalen Dokumente von Frühlingsanfangsbauten untergegangener Kulturen erklären. Der bisherige Ansatz ist ja, dass durch solche Bauten sichergestellt wurde, immer den tatsächlichen Frühlingsanfang zu erkennen. Aus dem Schulunterricht ist bestimmt noch bekannt, dass die Zeit einer ganzen Umkreisung der Erde um die Sonne nicht ohne Rest teilbar mit ganzen Erdtagen, abgeleitet aus den Umdrehungen um sich selbst, ist, sondern etwas kürzer ausfällt. Im Vierjahresrhythmus konstruierte Schaltjahre und andere Korrekturen in längeren Abständen gleichen dieses im Kalender aus. Um auf die Monumentalbauten zur Frühlingsanfangsbestimmung zu kommen, etwas kleinere Einrichtungen hätten die jeweilige Neubestimmung ohne unser Kalendersystem auch erledigt. Etwas mehr als die technische Notwendigkeit der Frühlingsbestimmung zur Aussaat muss hinter solch eindrucksvollen Bauwerken stehen. Vielleicht ja das Bewusstsein, die Zeit, gemessen in Sonnentagen, vorherzusagen. Monumentales aus eigener Erhabenheit über die Zeit, weil vorhersagbar und dann nicht Ausdruck göttlicher Zufälligkeit des Laufs der Welt und doch im engeren Sinne unbegreiflich. Ist ja nur ein Vorschlag zur Deutung der Zeitzeugen von vor so und viel Millionen Stunden im Heute, für die Erbauer die Zeit in so und viel Millionen Stunden damals, oder wie auch immer die Tageseinteilung war. Auf jeden Fall treffen wir uns so wieder mit vergangenen Generationen des Menschengeschlechts, über die abzählbare Zeit, gemeinsame große Nenner, da wir um uns wussten und wissen, solange wir existieren.

Gestehen wir für einen Moment der betrachteten Materie ein irgendwie geartetes Bewusstsein zu, ich ticke, also bin ich, für die folgende Überlegung: Spielen die Funk gesteuerte Uhren mit uns, nehmen sie uns die letzte Konstante im wiedervereinigten Land, etwas das für Ost gleichermaßen unideologisch hingenommen werden musste, die Zeit? Oder ist es nur Warnung, weitere Veränderungen und nicht erwartetes zu erwarten? Oder doch Aufforderung, dass Jetzt etwas von weiter oder zurück zu bedenken, sozusagen von einem anderen vorgegebenen Zeitpunkt das Heute zu betrachten, von Außen, nicht mitten drin, was grundsätzlich abgeklärter machen kann. Sein eigener Beobachter zu sein, übrigens auch ein Ansatz, der unseren so genannten Eliten in Politik und Wirtschaft ab und zu und bei allen anderen, muss ja nicht öffentlich sein, gut tun würde. Vielleicht könnten ja Arbeitskreise sich dieses Ansatzes annehmen, Vor- und Nacharbeit als wirkliche dauernd angekündigte Aufarbeitung in der politisch korrekten Ausdrucksweise. Und was erleben wir stattdessen? Agitprop, das Arbeiten mit unzulässigen Vereinfachungen, Ablenken von eigenen Fehlern, falschen Bildern und Hang unter die Gürtellinie zu schlagen. Ein Blick in schriftlich hinterlegte Sonntagsinterviews der Politiker erübrigt jedes konkrete Beispiel. Und diese Art Agitpropbeschimpfung ist, um die Frage von Seite eins wieder aufzugreifen, nichts, was „rübergemacht" hätte, die Art haben wir unabhängig entwickelt, na ja, ein bisschen wird schon von rhetorisch geschulten SED Nachfolgern abgeschaut, die damit erfolgreich sind. Weil es so vereinfachend ist, was jeder versteht, und sei es noch so hergeholt und falsch.

Aber einmal für die Kenner des Schwarzen Kanals des DDR Fernsehens in West und Ost: Könnte es Ede heute mit den Parteivorsitzenden argumentativ aufnehmen? Ich fürchte, das nicht, auch wenn er das Medium Fernsehen frühzeitig als Propagandamittel entdeckt hat, im Gegensatz zu heutigen Kanalrednern wurde er vermutlich nicht sehr ernst genommen und hat, wie uns die leuchtenden Signale von weiter vorn aufgezeigt haben, keinen ernsthaft bleibenden Eindruck hinterlassen. Oder hat er doch insgeheim Ost-Satire vom Feinsten, sozusagen der Hildebrandt oder die Pardon des Ostens, der sich geschickt als Regierungstreuer verkaufen konnte, musste, um weiterhin auftreten zu können, dem Publikum geboten?

Das ist ja normalerweise das Schicksal der Satiriker: Jeder, auch der Angegriffene lacht mit und über sich, aber bewegen tun sie nix, anders der hier betrachtete Karl-Eduard von Schnitzler. Alleine das Bestehen auf die adelige Form des Namens in einem angeblichen Nichtjunkerland kann als vierfacher Rittberger, wobei der Läufer erst mit beiden Beinen rückwärts auf dem Eis gleitet und dann sein Gewicht auf das rechte Bein verlagert und abspringt um sich, hier übertrieben mit viermal angegeben, in der Luft zu drehen, also fast unmenschlich, der Satire geadelt werden. Wie einfach war dagegen die Duldungsumwelt im Westen, sei es als Berliner Stachelschweine oder Münchner Lach- und Schießgesellschaft, bei der sich ein Franz Josef Strauß über sich selbst köstlich amüsieren konnte. Selbst der Westen fiel auf die Ost-Satire herein und organisierte als bestimmt nicht satirische Gegenveranstaltung Gerhard Löwenthals ZDF-Magazin, welches dann auch noch in anti-westinnerdeutschen Entwicklungen zur Ostpolitik als Kampfmittel herhalten musste. Welch ein Missverständnis, der Schwarze Kanal hatte in der Retrospektive die gleichen Ziele und keiner hat es erkannt, vielleicht besser so, sonst hätte es ihn nicht weiter gegeben, aber gefühlt haben müssen es viele, schließlich ging der Wendeanfang in den Gegenden aus, die nicht mit dem Westfernsehen beglückt wurden, kein Tal der Ahnungslosen sondern der Verstehenden, vielleicht auch dank Ede.

Also haben wir neben der Ampel als scheinbare Dauerkonstante und Widerspruchsgebärende auch die nicht entdeckte Satire am Konkreten als weiteren Niedergangsanstoß erkannt. Und alles Erkenntnisse bedingt durch eine Uhr, die natürlich aufgrund des ungebührlichen Benehmens, wer will schon steinharte Eier zum Frühstück, heute nicht in Millionen Jahren, demnächst gegen eine langweilige analoge batteriebetriebene Insellösung, sprich ohne Funkkontakt, ausgetauscht werden wird. Grad ist es immer noch zweiundzwanzig Uhr und zehn Minuten bei gefühlten vierundzwanzig Uhr und zehn Minuten, Armband mäßig bestätigt. Und am nächsten Tag, etwa achtzehn Stunden später, Freitag der dreizehnte, etwas Herbstverhangen morgens und abends, bekennender weise nach zweimaliger Überquerung der ehemaligen innerdeutschen Grenze, was durch Augenblick aufgenommen nunmehr auch wie eine Sehenswürdigkeit am Wegesrand auf der Ostseeautobahn mittels eines großen Schildes dem Fahrenden, endlich, dokumentiert wird, spielt die Uhr total verrückt.

Erst zögernd, bei vollen Stunden leicht Zeiger zitternd, als ob Witterung aufgenommen wird oder, unvorstellbar, nachdenkend der nächste Schritt in den kommenden Wahnsinn bedacht würde, dann nach wackelndem Zögern, ununterbrochen rasen die Zeiger der Uhr vorwärts, im Kreise natürlich eine Rundreise und überspringen dabei stundenlang ein Tagewerk nach dem anderen, Hinweis auf die lange vor uns liegende Zeit, bis beide breitengrad ausgerichteten Himmelsrichtungen wirklich zusammenkommen, ist es dieser Tag, der Abendmalteilnehmer geprägten angeblichen Unglückszahl und einer weiteren Suchreise nach „Rübergemachten", „Dagebliebenen" oder „Rückgekehrten", der die Uhr dazu veranlasst, durchzuknallen? Wie beschrieben, ein Tag der ehemaligen, also der Überschreitung der ehemaligen Grenzsicherungsanlagen.

Wie wäre es, den Funkkontakt zu unterbrechen, flugs die Plastikverpackung entfernt, Antenne erkennen und mit einer kleinen Trennvorrichtung in Gestalt einer Schere, ähnlich dem furchtlosen Bombenentschärfer nach dem entscheidenden Draht gesucht, ohne Videoaufzeichnung angesichts der verdächtigen Tätigkeit, grün oder rot das Kabel in Filmklassikern, unser Ursprungsthema, aber, die Uhr lässt sich ja gar nicht mechanisch verstellen, jedes Mal alles aufschrauben und an den Zeigern drehen? Und kann man solche Uhrkastration wirklich vertreten, grad wo sie zum Weiterdenken angeregt hat? Also wieder zusammengesteckt, Batterie richtig herum eingelegt und an die Wand gehängt, Vielleicht wird ja alles nach dem Basteln wieder gut.

Sie rast einfach, nach anfänglichem Stillstand, dann Zittern unvermindert weiter.

Wird meine Zeit gestohlen, ticke ich nicht mehr richtig, hat die eigene Wahrnehmung die Erdzeit verlassen? Ein erneuter sorgfältiger, auch subjektiv empfunden realer Vergleich mit medialen Zeitmeldungen und diversen Kleinuhren sowie die Befragung als real empfundener, also anfassbarer, man kann ja nie wissen, Zeitgenossen im Hause ergibt, dass das eigene Zeitgefühl noch immer der Erdzeit entspricht und da ich mich nicht beim eigenen Überholen selbst begegne, steht der Entschluss fest, wirklich nur aus Mitleid oder Wertschätzung, weil anregend, mit der ausgerasteten Uhr: Die Batterie wird endgültig entfernt. Und tatsächlich, eigentlich nicht mehr erwartet, Stillstand der Zeiger, irgendwie auch nicht erbauend, wenn auch die Tatsache beruhigt, dass grad am heutigen Tag der freundlichen Ost-West-Begegnungen dort, wo vieles noch, aber doch langsam weniger, erbaut werden müsste. Oder auch mal abgerissen, manchmal lieber eine freundlich gestaltete Lücke als unbekümmerte Ruinen, so vorstellbar schön auch jede für sich manchmal sein mag und mein Hang zum morbiden Mauerwerk sich immer noch satt sehen kann.

Mal schauen, was die neue Altmodische für Spielchen der Erkenntnis treibt. Natürlich muss es heißen, ich bin, also ticke ich! Oder? Bitte aber richtig.

Die Idee, dass die atomar, Sie merken worum es weiter geht, gesteuerten Funkwellen durch Dritteinfluss, konkret Gegner irgendwelcher Verlängerungswünsche für nukleare Anlagen zum Zweifel an der Zuverlässigkeit von Atomen und deren Spaltung führen soll, ist in diesem Zusammenhang zwar nahe liegend, so mann/frau sich darüber Gedanken macht um doch noch zu einer vermeintlich fortschrittlichen Erklärung zu kommen, muss nicht weiterverfolgt werden, da sämtliche Vergleichsobjekte öffentlicher Art oder in Kaufhäusern ausgestellte keine Abdreherscheinungen aufwiesen. Das Thema der vorwärts im Kreis kreisenden Uhr und der Diskussion um Verlängerung von Kraftwerkslaufzeiten passt hier wie der Stecker in die Steckdose, Scherz der siebziger Jahre, Atomkraft nein danke, bei mir kommt der Strom aus der Steckdose, der als unumkehrbar postulierte Anspruch aus rot-grüner Gesetzgebung, unseren Ampelfarben, ist schon ein netter Versuch, sich als ewig hinzustellen. Und das von angetretenen Hinterfragern mit Strickhobby und lieber nuklear erzeugtem Strom aus sonst wo importieren Kraftwerken, Hauptsache wir sind ganz sauber im Land.

Und, aus Mitleid oder Neugierde, manchmal wird die Batterie wieder eingeschoben werden, man weiß ja nie, ob man sich nicht doch selber trifft. Am nächsten Tag nicht mal mehr ein Zucken. Beleidigt? Könnte ich auch verstehen, wenn sie denn wirklich denken könnte.

Auf dem Lande

Ich glaube, bisher wurde das so genannte Junkerland der ehemaligen Ostzone, das ist jetzt nicht total konservativ daher geschrieben sondern Ursprungs mäßig der tatsächlichen Zeit, ihrer Bezeichnung geschuldet und sein unverteiltes, jedenfalls auf Dauer, Schicksal zweimal angesprochen. Es ist ja landschaftlich menschlich beeindruckend, z.B. durch Mecklenburg, als Information für Altbundesbürger, im Nordosten gelegen, zu fahren, angemerkt, dabei bei hundertzehn Stundenkilometern pro Stunde auf Landstraßen immer noch als Langsamfahrer überholt zu werden, was viele Blumenarrangements und Holzkreuze an Alleebäumen erklärt, und riesige Felder, knickfrei, die norddeutsche Art der Feldunterteilung, auch zur Vermeidung von Ackerkrumenflug durch Wind ignorierend, zu erleben, das Auge über gelben Raps, Getreide oder lila Blüten in Kilometerausprägung schweifen zu lassen. Und zwischendurch mit genau innerörtlich angepasster Geschwindigkeit durch Dörfer fahren, besser ist es aufgrund überall lauernder blitzender Kontrollen, links und rechts, in manchen Gegenden auch mehr rechts und rechts der Straße, zumindest rechter Plakate in nicht erreichbarer Höhe an Laternenmasten, Straßendörfer als typische Siedlungsform erkannt, bespickt mit bunten Plastiktransparenten für mit Euro kaufbaren Produkten oder Dienstleistungen, auch mittlerweile im Westen eine Augenqual, irgendetwas fehlt trotzdem.

Nicht nur die Bemühungen, im Wettbewerb der Dorfspießigkeit den Titel des schönsten Dorfes zu erringen, eine typische Westerrungenschaft vergangener Jahrzehnte, möglichst jede natürliche Verbreitung von Pflanzen an der Straße zu vermeiden, akkurate Hecken und Glasbausteine vorzuweisen, sind bei so einer Schleichfahrt, dank an die Blitzgeräte, ohne sie wäre so mancher Augenblick nicht aufgenommen worden, meist nicht zu erkennen. Die

Dorfnamen in dieser Gegend erinnern immer an russische Generale mit fünf Sternen aufwärts, also immer ein –kow am Ende, aber so hießen die schon vor der Besatzungszeit, ein weiteres Menetekel kommender Zeiten, also mit unserer abgedrehten Uhr gesprochen, vor zehntausenden Stunden zehntausende Stunden weiter? Das mögliche Erwerben von Wandfarbe und deren praktischer Verarbeitung im Zweck ihrer Bestimmung scheint trotz in die Gewerbegebiete gepflanzter Baumärkte, die ansonsten oft durch Leere bestechen, sich noch nicht überall herumgesprochen zu haben, auch wenn die Straßenbeleuchtung bei Nacht mittlerweile die Fahrbahn erkennen lässt und mann/frau bei Durchfahrt nicht mehr Fernsehlichter links und rechts, so nicht außen angebrachte Außenrollläden abschirmten, als Orientierungshilfe in Anspruch nehmen muss, etwas Entscheidendes, was wir Wessis eigentlich immer im Dorf erwarten, ja geradezu riechen, fehlt, der in Ein- oder Mehrzahl vorhandene Bauernhof.

Keine Lehm befrachteten Treckerspuren biegen auf die Straße ab, keine Hühner können Verkehrsopfer werden, keine dampfenden Ausmisthaufen, mittlerweile in westlichen Bundesländern meist unterirdisch oder so verdammt, dringen in die Lüftung ein, mit anderen Worten, das uns bekannte Landleben findet mit unseren bekannten Bildern und Gerüchen nicht statt, so konnte der Klassenfeind damals auch verwirrt werden, ähnlich des West-Witzes, das falsch gesetzte Kraftfahrzeugblinker auf Abbiegespuren nur dafür da sind, russische Migs im Angriff zu verwirren, so er, der westliche Klassenfeind, sich dort hin einmal verirrte oder verirren durfte. Nur einstöckige Wohneinheiten, graubraune Fassaden mit maximal bunten, wirklich maximal auf vier Farben beschränkte Metallzäunen, bisschen Gartenfläche für partielle Selbstversorgung treffen wir in solchen Ansammlungen, genannt Dorf.

Die Dokumente landwirtschaftlicher Produktion, Silo, Stallgebäude, Unterstand von maschinellen Aussäh- und Erntehelfern liegen verstreut, oft verfallen, bestenfalls renoviert, nach dem rot durchstrichenen zur Geschwindigkeitsreduktion verpflichtenden gelben Ortsschildern. Eins sei aber abschließend zum Verkehr angemerkt, so denn doch irgendwelche Schulwege befahren werden, ist im Gegensatz zu manch westlicher, meist innerstädtischer Ausprägung die Differenzierung nach Schulzeiten bedacht, die Wahrscheinlichkeit, Grundschüler abends um zehn Uhr auf dem Schulweg anzutreffen, ist bei solchen Fahranweisungen durchdacht und damit ausgeschlossen worden. Etwaige vereinte Rufe nach mehr Bildung angesichts angeblicher, weil unzensierter, also ohne Benotung durchgeführter Tests, Stichwort Pisa, der Inbegriff der Schiefe, weil unfreiwillige Schräge, wird daran auch nichts ändern.

Bei allem Hang zur vierundzwanzig Stunden Aufsicht, wie sie unser Staat am liebsten hätte, wir erinnern die gewünschte Lufthoheit des Staates selbst über den Zeugungsakt, wie in der ehemaligen rot-grünen, da sind sie wieder, unsere Ausgangsfarben, Koalition propagiert, diese Bildungsoffensive wird nie erlebt werden. Dann lieber Auftritte der Politiker zur Förderung von Eliteuniversitäten, in irgendwelchen Kungelkränzchen als solche erkannt, letztendlich nur Einspielung von zusätzlichen finanziellen Mitteln ohne wirtschaftliches Denken, professorale Beamtenmentalität wird weiter den Hochschulalltag bestimmen, wie sagte doch ein Rückgekehrter aus dem gelobten Land heimkehrender Wissenschaftler, dort müssen die Fördermittel gemeinhin von Privatleuten eingelobt werden, also wenn Wettbewerb, dann schon richtig.

Hier zu forschen wäre eigentlich der Forscherhimmel auf Erden, keine Ungewissheit, wer finanziert uns nächstes Jahr, keine ständig wechselnden Mitarbeiter je nach Kassenlage, eben Planungssicherheit, etwas, was auch Politiker weiterhin nicht verstehen. Planungssicherheit ist ein anderes Wort dafür, sich auf Umweltzustände, wissenschaftlich die heute richtige neutrale Bezeichnung, hier Gesetze, seien sie auch noch so bekloppt, einzustellen und mit ihnen zu leben, was, wenn nicht die fünfzehnte Ergänzung, heute meist mit blumigen Fortschritt versprechenden Namen, wie Reform-, Ergänzungs-, Missbrauchsbekämpfungs-, Erleichterungs-, Fortentwicklungs-, Vergünstigungsabbau-, Transparenzgesetz oder wie auch immer bezeichnet, alles neu mischt, durchaus möglich wäre. In Abwandlung des alten Spießerslogans sollte es heute heißen, Ruhe sei die erste Politikerpflicht, das würde wirklich weiterhelfen.

Aber wir waren grad beim Kindergarten aufwärts und den schiefen Türmen angekommen, warum gerade die Abkürzung Pisa gewählt wurde, verschließt sich weiterhin einer einfachen Ableitung, der Beste kann sich am meisten neigen, ohne umzukippen, dass der Beste die größte Schieflage hat, ist das der Hintergrund, wir stellen Schüler auf verschiedene Untergründe, als sozioökonomisches Umfeld bezeichnet und beobachten den Neigungswinkel der Eleven, gar Schieflage bei den Lehrkräften, die in Mehrzahl ähnlich den Bundestagsabgeordneten ein wirtschaftliches Leben außerhalb ihrer Laufbahn nie kennen gelernt haben, gibt es eigentlich Lehrer Pisa schiefe Bahn Untersuchungen, oder ist dass Ganze auch nur wieder ein Vorwand, statt Ideen und Arbeit mehr Geld in das Bildungssystem zu locken? Nun wirklich zu den Kleinen.

Lippenbekenntnisse zur Förderung der Kleinen, wie hieß dass noch mal in den sechziger und siebziger Jahren, ach ja Lernmittelfreiheit, nicht nur bei Büchern, nein, jedem fünfzig plus gealterten meist noch in Erinnerung, ein ganzes Arsenal von Heften, Stiften und Bastelmaterialien, die heute in bar qua Elternabendumlage unentfliehbar eingefordert werden, das spricht keiner an, immer mehr finanzielle Belastungen der Eltern für Bücher, zum Glück für die Rentenversicherung vor dem ersten Kind meist unbekannt, von kleinen Klassen einmal abgesehen, konnten wir sortieren. Macht ja auch nicht so viel her, das Vergangene einer verstaubten Nachkriegszeit, gemeint ist der heiße Krieg, nicht der kalte, als Vorbild zu nennen, die Lufthoheit über die gesamte Erziehung, vom Elterngeld bis zum Schulende, gerade in überfüllten Klassen, scheint da der bessere Weg zu sein. Ganztagsschulen als Pseudoveranstaltung mit diversen unproduktiven Freistunden, Lehrermangel und Stundenausfall in Schulen angesichts einer unüberschaubaren Anzahl von Beamten der jeweiligen Schulbehörden oder Ministerien im erzieherischen Hintergrund, diese Zahlen sind aus gutem Grund nicht öffentlich zugänglich, selbst die Zahl der aktiven Erzieher sind in so einem kleinen Stadtstaat wie Hamburg selbst vom Senat nicht ermittelbar.

Nun zurück zur Fahrt durch die Landschaft, in und nach den Dörfern, die mit den fehlenden Höfen im Kern, übrigens, die Landschaften blühen je nach Getreide- oder sonstiger Anpflanzsorte, aber das war wohl nicht die Altkanzler-, aktuell Altaltkanzlerwünsche, das Blühende mehr als Metapher für Prosperität, Fortschritt und Wohlstand für alle gemeint. Die finanzielle Gießkanne, die dieses Blühen ermöglichen sollte, ist überall beobachtbar, unbebaute Gewerbegebiete mit Straßen und Laternen, rot gepflasterte Gehwege, überdimensionierte öffentliche Ent- und Versorgung von und mit Müll, Wasser und anderen Grundbedürfnissen, Folge ungebremster Zulagen und Steuerpolitik, was andererseits die Orientierung in Provinzstädten, sprich durch Gewerbegebietansammlung, vereinfacht.

Und bei dem Stichwort Steuervergünstigung, die Sonderabschreibungen Ost, die Gießkanne für den Wahnsinn aus steuerlichen Gründen alles auszugeben, die vielfach zu den oben genannten unsinnigen Bauten und   überdimensionierten Einrichtungen geführt hat, erleben wir heute eine Gleichmacherei zwischen Ost und West, ungewollte Solidarität und späte Rache der Steuersparsucht die dem Osten zu eigenem Eigentum verhilft: Nachdem die westlichen Glücksritter der ersten Stunden schmerzlich erfahren mussten, was nicht benötigte Immobilien bedeuten, nämlich Zins- und Tilgungszahlungen ohne Einnahmen, werden diese Steuersparbauten mittlerweile zu Schnäppchenpreisen verhökert, die Möglichkeit, für den daheim gebliebenen Ostler sich eine wirkliche, weil jetzt preiswerte, Anlage zu sichern. Und das wäre auch noch für rund 25% der Wähler korrekt, geblutet haben westdeutsche Steuerzahler mit dem Solidaritätszuschlag, Glücksritter mit ihrem Vermögen und böse Banken mit Kreditverfall, alles zum Wohle der jetzt Einsteigenden. Ist größere Solidarität im eigenen Land, um das oben angesprochene internationale Thema im Kleinen zu betrachten, eigentlich möglich? Zumindest partieller Sieg des Sozialismus über viele Klassengegner, aber warum dann immer noch die 25% von eben? Reine Drohgebärde zum auf Trapp hallten? Sind rund 90 Milliarden pro Jahr Euro nichts?

Noch einmal zu unserer Fahrt durch Straßendörfer oder Provinzstädte, letztere je nach Tourismusaufkommen unterschiedlich weiterentwickelt, auszeichnend durch eine Straße, an der die Hausungen liegen, im Gegensatz z.B. zu Angerdörfern, die bäuerliches Leben im Dorf erforderten, oder etwas größer. Am Anfang und am Ende finden wir dieselben Konsumkettenvertretungen, sei es nun aus dem fast food Bereich, möglichst viel Ware bei gleichem Kassenentgelt im Einkaufswagen, Männer beglückende Bau- oder Getränkemärkte, letztere am liebsten besucht mit seitlich gestreiften Trainingshosen, eindeutige Strukturen haben sich da städtebesser gewerbegebietbaulich breit gemacht.

So wie mittlerweile jedes westliche Einkaufszentrum aufgrund identischer Kettenläden verwechselbar, weil ohne wirkliche Identität ist, gleicht eine östliche Provinzstadt der anderen, zumindest am Anfang und am Ende, straßenmäßig beschrieben. Stellen Sie sich einmal vor, nach einem kleinen Gedächtnisschwund in einem deutschen Einkaufszentrum aufzuwachen und die Frage beantworten zu müssen, in welcher Stadt Sie eigentlich seien. Andererseits fällt so partielle Orientierungsdemenz nicht mehr auf, die Frage nach dem wo bin ich eigentlich ist dann nicht mehr auffällig, diese Orientierungslosigkeit übertragen auf unsere Anfangs- und Endbebauungen der meisten Provinzstädte führt dort wiederum zur Orientierung für den auswärtigen Besucher, spätestens dann weiß er im Zweifel, dass er zu weit oder zu kurz gefahren ist. Mir hilft es jedenfalls, so ganz ohne Navi, Kurzbezeichnung orientierungsloser Mitmenschen, die auf ein Navigationssystem angewiesen sind, um ihre Wege zu finden, früher nannte man das Ethik, Moral oder schlicht Stadtplan. Heute werden die Signale, die auch den nach eigenem Bekunden sauberen Krieg unser transatlantischen Verbündeten, Kundus, zweite Straße links und Bumm, ermöglichen, für diese Zwecke genutzt. Und das bei ansonsten ausgeprägter Antiblutölkriegsmentatlität, pace, während des Vietnamkrieges hieß es auch make love not war, peace, warum jetzt nicht wieder? Setzen wir mittlerweile ein ganzes Volk mit ihrer Führung in Einklang und benutzen ihre bewährte weltumspannende Sprache nicht mehr, ansonsten ja bis zur Verstümmelung der eigenen. Mag es auch kurzfristig so erscheinen, das mit der blinden Gefolgschaft, jeder sollte sich bewusst sein, dass die Grundlage des Navigationssystem genauso wie das Internet militärischen Ursprungs ist, ersteres immer noch total von US Gnaden abhängig. Erinnert irgendwie an die Diskussion um Neutronenwaffen und Verdammung, Waffen, die möglichst tote Materie schonen und lebendige Materie tot machen sollte, ist das nicht Ziel jeder primitiven Waffe, Speer, Axt, Beil, Schwert oder Handfeuerwaffe? Schließlich wurden oder werden Kriegszüge, auch die aktuellen doch, trotz aller Gegenteilsbekundungen, meist aus materiellen Gründen geführt, warum das

Ziel zerstören? Das System der verbrannten Erde ist eigentlich ein Mittel der sich zurückziehenden Angreifer, was wir nicht bekommen, soll kein anderer haben, manchmal auch beobachtbarer frühkindlicher Reflex. Wie haben wir eigentlich früher unsere Ziele gefunden? Auf jeden Fall sollte sich jeder einmal fragen, ob nicht doch wesentliche Teile menschlichen Könnens auch hier verloren gehen, suchen, Wege merken, Zusammenhänge erkennen, von zweidimensionalen Kartenwerken auf die Wirklichkeit zu schließen und umgekehrt.

Wenn die Eltern Pisa den Rücken kehren, was erwarten wir eigentlich von den Kindern? Und noch eine These im Zusammenhang mit dem Bildungsstandard unserer Kleinen: In vielen vorgerankten, sprich in besser als uns abschneidenden Ländern, beginnt der Unterricht, jedenfalls der ernsthafte außerhalb der morgendlichen Betreuungszeit, nicht nur aus verkehrspolitischen, Eltern schonenden Gründen nicht vor neun Uhr, angedacht der bekannten Leistungskurven menschlicher Wesen spricht bei dieser Startzeit vieles dabei für ein besseres Lernumfeld als unsere klassischen Zeiten acht Uhr oder noch davor. Nach all den Untersuchungen über das Leistungsverhalten der Menschen im Tagesverlauf, so sie denn Leistung zeigen, kann davon ausgegangen werden, dass bei rund zweihundert Schultagen im Jahr und einer durchschnittlichen Verweildauer an staatlichen Bildungseinrichtungen von 10,5 Jahren damit, gemeint ist die Stunde eins der deutschen Schulen, rund 2100 Stunden für jeden Schüler für die Katz sind, berücksichtigt mann/frau dabei noch die Leistungsfähigkeit der Lehrer in der betreffenden Zeit, ergeben sich schon sehr negative Katzen bzw. eine unbeschreibliche Zahl von bildungsnegativen Zeiten ohne Sinn. Aber genug davon, zumindest leben die Unterhaltungssendungen ja von solchen Untersuchungen oder falsch Beschulten und das ist auch gut so, wo sollten die Leute sonst arbeiten oder was sollten sie sehen?

Dazwischen, wir sind jetzt wieder bei den Siedlungsbetrachtungen beim Durchfahren- oder gehen, tun sich schon Unterschiede auf, z.B. anhand der nicht renovierten oder renovierten Gebäude, der mehr oder minder gelungenen Neubauten, meist wunderschön renovierter Marktplatz Umgebung, erinnert irgendwie an früher nicht empfehlenswerte Abschweifungen abseits sozialistisch geförderter Prachtalleen bei Ostbesuchen durch Westbesucher, zum Beispiel Abschweifungen von der Berliner Stalinallee, später wieder unter den Linden wie vorher, tote Häuser abseits, also solche mit gestorbenen Fenstern, stierten und stieren den Besucher hässlich an, mangels Mieternachfrage durch Abwanderung meist nicht wirtschaftliche renovierungsfähig. Im Übrigen ist dieser noch weithin beobachtbare Zustand einen gedanklichen Schlenker in andere Länder wert. Andere Städte in anderen Ländern machen mehr daraus:

Morbidität im Sinne von, nicht im ursprünglichen Sinne sittlicher, sondern baulicher Morschheit ist dort Programm. Nicht nur seit Venedig sehen und sterben eines Thomas Mann oder aktueller Kriminalverfilmungen kennen wir die versinkende Stadt in der Adria, immer noch strömen ungezählte Touristen hinein, auch hinaus, um den überflutenden und jetzt oft überfluteten Reichtum vergangener Tage zu betrachten, bröckelnde Fassaden, Wasserschäden, langsam mehr Verkauftheaterfläche, Nehmen, Raffen vor dem Ende, kein Solidaritätszuschlag für den Erhalt einstigen Ruhmes. Ist solch ein Touristenrummel, wie er weltweit an alten Orten zu beobachten ist, dort den Menschen offensichtlich ihre Sehnsüchte und Augennahrung gibt, vorstellbar mit Bauten nur aus unserer Zeit? Gut, es gibt sicherlich architektonisch eindrucksvolle Höhen, immer größer, teurer, Durchsichtigkeiten, Techniken oder kurzfristig manchmal lustig Anzuschauendes. Aber ähnlich der unterschiedlichen Empfindungen der Glühlampe oder der mit Dioden leuchtenden Ampel, widerspricht die Natur letzterer Wahrnehmung der natürlichen Pausen, eben das An- und Abschwellen der unterschiedlichen Farben was für uns in der Natur sonst überall beobachtbar, selbst beim Blitz, gerne romantisch besehen, gemalt oder fotografiert beim Sonnenauf- oder Untergang erlebbar. Mag die moderne Architektur ja manchmal praktisch sein, zumindest so geplant von solchen, die das so Gedachte hinterher nicht ertragen müssen, aber ehrlich gefragt, würde ein Abriss uns wirklich berühren? Vielleicht noch die Moderne, die als Kontrast, gerne bezeichnet als Spannungsbogen von denen, denen nichts wirklich Beeindruckendes Neues einfiel, neben dem Alten entstehen konnte und steht, dann aber nur in Abhängigkeit und nicht für sich, was ebenso für wunderschöne Modernisierungen alter Bauten spricht. Eine begehbare Glaskuppel auf dem Reichstag ist eine andere Empfindung als eine auf dem letztendlich gleichförmigen Reißbretterguss des soundsovielten Einkaufszentrum oder Bürogebäudes. Letztere zeichnen sich ja zunehmend dadurch aus, dass es dem vorübergehenden Betrachter, offensichtlich ist Glas pro Quadratmeter preiswerter im Bau als Massives, möglich ist, nicht nur das unansehnliche Kabelgewirr von IT-Einheiten sondern auch das mal mehr oder weniger ansehnliche Beinwerk der Tasten bedienenden menschlichen Einheiten von unten zu betrachten. Manchmal fehlt nur noch der Aufkleber „Füttern verboten", richtig, warum soll der Mensch nicht wie im Zoo gezeigt werden, gleiches Unrecht für alle Geschöpfe, so fühlen die bestimmt auch, oder soll damit das unsägliche und vorgegaukelte Modewort der Transparenz visuell umgesetzt und dokumentiert werden? Totaler Quatsch bzw. Erklärungs- oder Rechtfertigungsniveau, maximal Kunstunterricht Klasse 8, höchstens 9, wie so oft hörbar für Produkte schaffender Art, als wenn es dabei auf die Menschenbeschau in den Glaskästen ankäme. Die Nichttransparenz schlängelt sich als Bits und Bytes durch die angesprochenen Kabelstränge. Es ist ein Unterschied, ob ich dem Hufschmied bei seiner offenen Arbeit zusehe oder nur Fingerübungen auf der Tastatur wahrnehme, Ersteres ist transparent, Zweiteres gaukelt etwas vor, weil ich die Auswirkung nicht sehe. Abgesehen davon, der Glaspreis im Bau mag ja günstiger sein, nur die Folgekosten sind es nicht: Mehr heizen im Winter und mehr Kühlungskosten im Winter, wie immer die Folge nicht bedacht, aber am besten in solchen Gebäuden noch über die Klimakatastrophe schreiben. Nun wieder zurückgebaut zu den bröckelnden Restbeständen der Vorwendezeit.

Wäre das nicht ein Weg für unseren Osten gewesen? Statt des Runs nach blühenden Landschaften, partiell zumindest in Bundesgartenschauen verwirklicht, der Run auf Trümmerblumen, um in den bunten Nachwendemetaphern rund um Pflanzen zu bleiben? Nun, für die ursprüngliche Originalität im obigen touristischen Sinne ist es mittlerweile, gelobt sei das, zu spät, aber der verbleibende Rest von Ruinen, morbiden, im obigen Sinne, Ansichten, könnte mann/frau, nicht daraus etwa machen? Auch der Ruhrpott, Inbegriff des Wiederaufstiegs Westdeutschlands, hat ähnliches vollbracht. Es ist ja nicht so, auch wenn von, wie heißt die jetzt eigentlich, Linkspartei oder WASG oder doch noch KPDSEDDKPPSD, immer wieder propagiert, dass nur der Osten Anpassungen vollbringen muss, wirtschaftliche Zwänge, brutaler Strukturwandel, sprich Zusammenbruch ganzer Industriezweige ertragen muss und musste.

Ein Blick in das oben genannte Ruhrgebiet mit seinen Restbeständen an industriellen Zeugnissen des letzten Jahrhunderts, im Vorbeifahren an manchen Orten östlichen Industriebrachen nicht unähnlich, lässt erkennen, dass auch im Westen ganze Industriezweige aus der Landschaft verschwunden sind, woanders Textilindustrien, Werften im Norden und anderes Schweres. Eine einfache Bahnfahrt, einfach im Sinne von durchzuführen, nicht ohne Rückfahrkarte, durch unser Land egal wo, zeigt z.B.

überall solche Brachen bahnhistorischer Leistungen, nicht mehr notwendiger Arbeitsleistung vergangener Zeiten, und lässt auch die Diskussion der Bahnprivatisierung in einem nie genannten Licht erscheinen: Alle Bahnbrachen größeren Umfangs befinden sich gewachsener Weise stets im innerstädtischen, innerdörflichen Bereich, also dort, wo künftiges Bauland bei entsprechenden Bedarf immer wertvoller wird. Diese Spekulationsidee wird nicht offen bei der Diskussion um Privatisierung mit oder ohne Schienennetz, auf solchen Wertzuwachserwartungsland liegen ja meist noch langsam zuwachsende Schienen, endlich ohne Pestizide langsam von der Natur zurückerobert, erwähnt. Auf jeden Fall in diesem Grün mit bunten Blütenpunkten bei immer öfter erzwungener Langsamfahrt angesichts Erneuerungsstau bei den Gleisanlagen eine schöne Rückbesinnung auf die Zeit, als das Blumenpflücken während der Eisenbahnfahrt Schild mäßig verboten war. Schade nur, dass diese modernen Hochgeschwindigkeitszüge zumindest in diesen Situationen keine Öffnungen haben, die während der Fahrt geöffnet werden können, was auch oftmals die unerträgliche Kunstluft oder Klimaanlagendefekte befrischen würde. Ein wunderschöner Widerspruch zwischen modernster Fortbewegungstechnik und verrottender Gleisanlagenumgebung der neben nostalgischen Augenblicken, im wieder belebten wörtlichen Sinne, auch immer wieder die Vergänglichkeit des Modernen vor Augen führt und der Phantasie freien lauf lässt: verwilderte Raketensilos, von Efeu überwachsene Transrapidstrecke, als ökologisches Feigenblatt ja damit doch noch zu modernisieren damit sie endlich mal im erfindenden Land zum Einsatz käme, Biogasproduktion in ausgebrauchten Kühlbecken von Atommeilern, Großflughäfen als sonntägliche Inlineskatestrecke, um nur einige spontane Bilder zu benennen.

Dabei ist das Natürliche im Gegensatz zur menschlichen Überwucherung geradezu als langsam zu bezeichnen, die Gewissheit, dass heute aktuelle Gesetzte, Verordnungen, Meinungen Ansichten spätestens Morgen zum Altpapier oder Gedankengut gehören, ist vielleicht in der Natur oder gegen sie, je nach Standpunkt, was ist eigentlich die bewusste Kreuzung, um einmal von der Ampel zu den Pflanzen zu kommen, von lebenden Einheiten, höchstens langsamer, aber doch seit ewig im menschlichen Sinne üblich, nicht zu erwarten. Aber diese Schnellalterung lässt immer noch hoffen und so manchen Auswuchs politischer Entscheidungen aufgrund der kurzen Lebenserwartung leichter ertragen. Aber meist kommt es doch noch schlimmer, ähnlich unserer Uhr, wobei der Vergleich für die Zeit selbstverständlich beleidigend ist, auch nicht so gemeint, sondern eher beschreibend: Die Drehungen der Politik im Kreis führen zweifellos zu fortschreitenden Ergebnissen wie etwa Einschränkungen der Freiheitsrechte, diese müssen aber keinen Fortschritt im Sinne eines weiter für alle bedeuten. Ganz anders als bei unserer Themen unterstützenden Uhr. Und um die Politik nicht als Drehscheibe der Ideen über zu strapazieren, ein anderes Feld der Beobachtung:

Konzernstrategien nach Globalisierung, nach erfolgreicher Geldvernichtung dann Rückbesinnung auf das Kerngeschäft, also Schrumpfen, dann bedingt durch volle Kassen und Geschenke des Finanzministers wieder Zukauf anderer, als Vervollständigung des Portefeulios bezeichnet, heute als feindliche Übernahme durchgeführt, von vermeintlich passenden Unternehmen, und immer weiter grüßt das zitierte Murmeltier als mal größer dann kleiner usw.

Und worin besteht darin im Kreisen der vermeintlichen Ideen der Fortschritt im Sinne unserer Uhr des Fortschritts? In Nichts, Geldvernichtung und Arbeitsplatzabbau zur Dämpfung eben dieser Vernichtung kann wohl kaum als Fortschritt bezeichnet werden. Im Gegensatz zu 30 Minuten weiter. Andererseits ist natürlich 3000 Arbeitsplätze weniger auch eine sichere Vorhersage, meint der Börsenkurs, der ja bekanntermaßen die Zukunft voraus

Börsenkurs, der ja bekanntermaßen die Zukunft voraus nimmt. Eigentlich ein schönes Gefühl für jeden auf die Straße Gesetzten einer börsennotierten Einheit, mein Ich in bekannter Zukunft kann ich schon heute in EURO in den Börsennachrichten sehen, ich schaffe endlich Werte abseits tatsächlich anfassbarer Gegenstände wie Autos, Stahl oder ähnlich unsinnige Sachen in einer virtuell geprägten Welt. Endlich schon längst fällige Wertschätzung im wahrsten Sinne des Wortes. Und da ich meine Zukunft schon heute erfahre und berechnet sehe, zumindest als fehlender Negativposten, weit entfernt, besser kurz oder negativ gerechnet wegen des positiven Effekts meiner aktuellen Abwesenheit noch davor, vor mir, zum eigenen Überholen kann es eigentlich dann nicht mehr weit sein, mal hören, welche Zeit ich mir dann zurufe.

Umstellungen, um wieder zurückzudrehen auf die wirtschaftliche Entwicklung in allen unseren Landstrichen sind jeher etwas natürliches, und zwanzig Jahre Anpassung, die mittlerweile vergangen sind, sind so betrachtet ganz normale westliche, ja internationale Zeiten der Anpassung. Dass dazu noch die Anpassung der so genannten, da ist es wieder, das leugnende, abwiegelnde Wort der Realität, des Umbruchs und mindestens erst einmal in Frage stellendes Heruntermachens zur eigenen Beruhigung, andererseits ein Fortschritt zum Begriff Zone, der auf alle vier zutraf, also der so genannten Globalisierung als weiterer Antrieb von Veränderungen hinzukam, macht es natürlich nicht einfacher. Aber die Globalisierung, die wie beschrieben auch ihre guten Seiten für alle haben kann, wäre ohne den Zusammenbruch der sozialistischen Systeme nicht entstanden. Ob Henne oder Ei in diesem Falle, eigentlich ursprünglich eine leicht zu beantwortende Fragestellung, schließlich schlüpfte das erste Huhn in Huhnausprägung aus einem Ei, das Hühner schlüpfen lässt, auch Genmanipulationen oder eine mögliche übernatürliche Befruchtung, also mit außerirdischem Vorhahn bei irdischer Vorhenne, ohne grob geschätzt ein Viertel der Bevölkerung gäbe es nur eine Teilglobalisierung und der Begriff wäre albern. Alles kann mann/frau nun einmal nicht haben, Freiheit und Emanzipation will schließlich auch wirtschaftlich erfolgreich gelebt werden, so wenig wie uns wirklich ein chinesischer Arbeitsplatz im Alltag interessiert, interessiert sich der chinesische Arbeiter nicht über die Folgen seines preiswerten Anbietens seiner Arbeitskraft.

Aber zurück zum Morbiden in diesem Zusammenhang, alte Gießereien, Kesselhäuser und andere Zeugnisse der Vergangenheit an der Ruhr werden eben anders genutzt, nutzen ihren Charme, das Andere zu heute geleckten Einkaufs- und Kulturtempeln allerorts, spielen mit der Nostalgie, der technischen Beherrschung von Gewalten, dem Hang des Möchtegernproduktiven in jedem, der Wunsch nach Ursprünglichkeit, auch wenn diese für die damals betroffenen mehr Ketten bedeuteten die zu den herumschleichenden Gespenstern führten, also kurzum das Bedürfnis nach Verwirklichung jenseits des digitalen Bankkontos. Jeder möchte das Gefühl haben, im Produktionsprozess zu stehen, etwas Begreifliches zu schaffen, wovon lebt sonst das große schwedische Möbelhaus, trotz angeblichem Unverständnis lustiger Aufbauzeichnungen, und die nicht begreiflich Schaffenden werden dank Bits und Bytes immer mehr.

Ein riesiger Markt der Illusion und Befriedigung könnte entstehen, die mentale Nachfrage ist da, nur, verschämt rotten die Denkmale vor- und realsozialistischer Produktion vor sich hin. Und hier fehlt bisher der Ansatz in unseren Ostgebieten, also politisch korrekt den früher mitteldeutschen, etwas aus den verbliebenen, verrosteten und verfallenen Ruinen zu machen, Kultur hereinzubringen, eine Märchenstraße der Produktion zu schaffen. Die Menschen sehnen sich nach so was, was ist schon ein künstlich auf die grüne Wiese gebauter Zukunftsthemenpark mit mehr oder minder albernen Exponaten, Niveau Schulklasse 1-2, wenn solch eigentlich interessanter Ansatz zwischen die wirkliche Vergangenheit gestellt würde?

Kultur in den ehemaligen Oberschichtbauten wie Schlössern oder Herrenhäusern, natürlich durchrenoviert, ist dagegen langweilig, wenn auch nett gemeint, aber es damit nur die angesprochen, die sowieso diese Art der Kultur hören möchten. Jetzt ist es gefallen, das vermutlich noch zu kürende Unwort, sie haben es trotz der höheren Ausprägung, erkannt? Schicht.

Schicht

Pause beendet? Umgangssprachlich bedeutet Schicht machen ja das Ende der Arbeit, Pause einlegen, Ausfluss der industriellen Arbeitszeiteinteilung in Früh-, Spät- oder auch Nachtschicht, letzteres als totale Anpassung der menschlichen Arbeitskraft an Produktionsmittel, die Maschine kann keine Pause gebrauchen, also Mensch, folge ihr zur Steigerung der Produktivität. Im früheren Sprachgebrauch links orientierter Philosophien, also der vielfach missbrauchten Feigenblätter totalitärer Regime, ging es immer um die Auseinandersetzung zwischen denen, die hatten und denen, die nichts außer ihrer Arbeitskraft hatten, also auch zur jeder Schicht vor der Schicht im obigen Sinne gezwungen waren, wollten sie überleben.

Nur hieß diese Einteilung damals und davor Klassengesellschaft, Arbeiterklasse, Klasse der Produktionsmittelbesitzenden, Stände, Bürgertum, Feudalherren, Klerus, Bauern, Kasten, Freie, Sklaven u.s.w..Jede Gesellschaftsform hatte ihre Gruppen, die miteinander lebten und leben mussten. Mal tolerant, mal ausbeutend, oft miteinander um die Vorherrschaft und Wohlstand kämpfend, politische und ökonomische Gleichheit stand höchstens auf Fahnen geschrieben, die politische, also Grundrechte für jeden, freie Wahlen und Meinungsfreiheit, ein wesentlicher Anteil blühender Landschaften, nur meist heute vergessen, weil schon normal oder die vergangene Realität verdrängt, kann vom Hier im Heute behauptet werden, aber ökonomische Gleichheit zu behaupten, hieße doch eine heftige Veralberung großer Teile der Bevölkerung. So weit, so einsichtig, dem kann jeder zustimmen, also haben wir es doch mit verschiedenen Wohlstandformen, Wohlstand klassischerweise auf ökonomische Bedingungen reduziert, zu tun.

Und nun zum Unwort Unterschicht, die oben beschriebene Schicht, also neutral die Einteilung einer Sache in ihre verschiedenen Segmente, dort Tageszeiten, bei der Uhr Stunden oder kleiner, hier Einkommenshöhen oder verfügbares Vermögen, wurde für die ungleiche Wohlstandsverteilung in Zeiten des Wettkampfs der Systeme eingeführt, um im Westen nicht weiter von Klassen reden zu müssen, was angesichts des westlich geprägten Weltanschauungen nicht opportun erschien, von wegen Klassenkampf war ausgestanden.

Warum dann die Aufregung um ein Wort, dass nur die ökonomische Stellung in der Gesellschaft beschreibt, übrigens im angelsächsischen Raum immer noch klassenkämpferisch ausgedrückt, please remember the upper class, oder liegt es daran, dass, der Aufregung nach zu urteilen, der Begriff negativ im Sinne Unterschicht in allen Bereichen, sprich Bildung, Benehmen, Berufen u.s.w. assoziiert wird? Da könnte sich die ökonomische Unterschicht doch beruhigt zurücklehnen und an diese Unterschichten in den Oberschichten denken oder sich einmal vergegenwärtigen, wie viele hoch gebildete Akademiker sich mit 1-EURO Jobs abgegeben müssen. Oder noch einfacher die Beobachtung, mittlerweile dank Billigflieger auch breiteren Schichten, das sind die Schichtdurchbrechenden, auf Flughäfen, dass die mehr zahlenden Reisenden, die üblicherweise in gleicher Enge im vorderen Teil des Flugzeuges, dass sind die fliegenden Verkehrsmittel die scheinbar noch mit rückwärtiger Überholung der Babysprache als Flieger bezeichnet werden, jedes Auto also ein Roller, ihren Platz haben, es nicht schaffen, der freundlichen Aufforderung, doch zuerst die fliegende Unterschicht in den rückwärtigen Raum zu lassen, was zeitsparend wäre, einfach nicht nachkommen. Ökonomische Oberschicht der Denkunterschicht als praktisches Beispiel für differenzierte Schichteinteilungen und einer relativen, mehrdimensionalen Betrachtung.

Aber so läuft es nun einmal bei uns mit politisch korrekter Betroffenheit, jeder Sau wird aus parteipolitischen Erwägungen hinterher gejagt um ja den Eindruck zu erwecken, mann/frau stünde auf der Seite der Angegriffenen, die es gar nicht sind. Zwanghafter Reflex, erinnert an brennende Fahnen anlässlich für uns als Nichtigkeit empfundener Anlässe, da können wir dann aber alle so richtig unsere Meinung darüber kundtun, na ja, zumindest denken und ängstlich aussprechend den Dialog suchen.

So wie die Schicht die Klasse ablöste wurde irgendwann auch die Begrifflichkeiten Arbeitgeber und Arbeitnehmer geschaffen, wer gibt hier eigentlich wem was und ist geben nicht seliger als nehmen, wäre doch einmal etwas für Betroffenheitskönner. Weiter oben hatte sich die andere Sichtweise schon einmal, frech behauptet, unbemerkt, eingeschlichen, der chinesische Arbeiter bot seine Arbeitskraft an, was ganz im Sinne der schon mehrfach angesprochenen Gespensterbeschwörer des 19. Jahrhunderts war. Aber bildungsferne Schichten zu benennen ist nun doch politisch korrekt.

Die Uhr, das Dorf und Anderes kommen zusammen

Und während aus gutem Grund nunmehr die analoge Insellösung einer Uhr die atomar gesteuerte, die entsorgungstechnisch korrekt auf ihren letzten Gang zum Sondermüll wartet, nunmehr an der Wand tickt, übrigens mit ganz außergewöhnlichen Phänomenen der Sekundentaktung, sprich im Arbeitsbereich, also aufwärts strebend, mit ganzen Schritten, manchmal über das Ziel hinausschießend, dafür aber unerklärlich im Abwärtsgang des Zeigers und besonders im indifferenten Bereich um die 6 herum mit einem halb Sekunden Zurückzucken, was aber immer wieder eingeholt wird. Warum dieses Verhalten auftritt, wo doch eigentlich das Umgekehrte, nämlich der schleppende Gang nach oben und der volle nach unten erwartet wird. Eine weitere Botschaft unserer möglichen Uhrkonstanten ähnlich der Farben des Titels?

Wohl mehr ein Abbild menschlichen Verhaltens im Schichtenfahrstuhl, aufwärts gern mit großen Schritten, wenn auch mal über das Ziel hinaus, dieselbe Formulierung bewusst gewählt, abwärts gezwungen, eher doch zögerlich und nicht einsehend, aber es muss dann doch. Und dann geht es bei der Uhr ja auch regelmäßig wieder nach oben, getreu gesamtdeutschen Schlagerweisheiten, etwa nach Regen kommt Sonnenschein, wobei nach jeder Umdrehung des hier betrachteten Sekundenzeigers eine Minute mehr geschafft ist, will sagen, trotz des scheinbaren Drehens im Kreise findet Fortschritt statt, welches bildlich als aufwärts strebende sich nicht verjüngende, eher alternde Spirale bezeichnet werden kann.

Was den Anspruch aller, die Fortschrittlichen zu sein, auch so ein aus alten Zeiten übernommenes Totschlagwort, Totschlag im Sinne von mundtot machen anderer Auffassungen, nachdenken lassen sollte. Fortschritt ist danach die Alterung, Vergangenheit das Jüngere, Fortschritt bewegt sich fort, ist fortschrittlich in diesem Anspruchssinne Weg und Ziel zugleich? Damit ist jedes Ziel, egal welcher Weltanschauung entsprungen und der Weg dahin, weil fort vom Alten schreitend, wie gemeint und fort vom Jungen schreitend, wie tatsächlich abgeleitet, fortschrittlich.

Ist das bei Fortschrittlichen gemeint? Wohl kaum, also wieder eine Worthülse entdeckt. Mit einer teureren Küchenuhr wäre diese Erkenntnis vielleicht nicht gekommen, was auch wieder zeigt, das Unterschicht, sei es auch im Bereich der Uhr, durchaus dazu beiträgt, Erkenntnisse zu sammeln. Und noch tiefer, ohne die atomaren Erfahrungen mit der Funkuhr wäre dieser Fortschritt nicht entdeckt worden, was wohl noch alles an Erkenntnissen auf uns lauert, wenn sämtliche atombetriebenen Kraftwerke erst einmal abgeschaltet werden. Jetzt folgt wider erwarten weder Schwarzmalerei von Schwarzen, also aus der Ecke der Laufzeit Verlängerungswünscher, weil nicht Strom durchflutete Ampelmännchen das grüne ohne Fortschritt oder das Rote zum Stoppen bringen, noch Buntmalerei, der roten und grünen Ecken, mit glücklichen Biogas betriebenen Heimkraftwerken und freundlicher Unterstützung unseres weiter östlich gelegenen lupenreinen Demokratienachbars der unseren Energiehunger befriedigt.

Nur eines sei ernsthaft angemerkt, Tschernobyl liegt eigentlich ganz schön weit weg und trotzdem melden unsere Pilzuntersucher noch heute, mehr als zwanzig Jahre danach, erhöhte Werte nach dem Sammeln. Klammheimlich sich aus der Verantwortung zu stehlen, hier sauber, sind wir toll, woanders unsicher, wohlmöglich unseren radioaktiven Abfall per Flugzeug gen Osten zu verfliegen, werden eigentlich Bilder russischer Entsorgung von Problemabfall in kalten Gewässern zugunsten Wählerstimmen verdrängt? Wie gesagt, weder ein Plädoyer für oder gegen aufgespaltete Atome, aber ein Anrecht darauf, dass wir erstens technisch sauber, wie immer das geht, unseren alten Abfall behandeln, Endlagern oder sonst wie einigermaßen sicher zwischenlagern und andererseits darüber befinden sollten, aus welchen Dreck- oder Strahlenschleudern wir unsere nicht im eigenen Land erzeugte Energie beziehen. Unsere Ampeln sollen doch weiter leuchten, uns weisen und dabei ein gutes Gewissen haben, die letzte, eingangs geschilderte Konstante bunten Leuchtens ist es doch wert, erhalten zu bleiben. Wer weiß, vielleicht brauchen wir sie noch einmal in gleicher oder ähnlicher Funktion, Befürchtungen im Zusammenhang mit so genanntem wurden schon weiter vorne angesprochen.

Nachdem wir nun in jedes oben angesprochene Dorf, die untypischen für westliche Besucher, jedenfalls die ehemaligen, bei der beobachtbaren Ost-Westbewegung eben keine typische Einteilung mehr, eine Ampelanlage mit stetiger Stromversorgung zur Geschwindigkeitsüberwachungsanlage gesetzt haben, wohl wissend um die tieferen Sinne und dabei den Materialismus nur scheinbar verlassend, weil wir sehen, also sind und denken wir und das Leuchten der regelnden Materie heißt beim Menschen bestenfalls, egal aus oder in welche Himmelsrichtung, zu- oder ausgewandert im eigenen Land, zurückgekehrt oder daheim geblieben, klassen-, besser oder auch nicht schichtenlos oder eingeordnet, Erleuchtung.

Diese Menschenstrombewegungen in einem Land, nicht unähnlich früherer Völkerwanderungen durch unseren Kontinent oder auch Volksbewegungen innerhalb größerer Heimatgrenzen, nach dem letzten, zweiten Weltkrieg, vermutlich der nach der Erfindung des Fahrrads größte Beitrag, gemeint ist die Ost-West Fluchtbewegung nach 1945, zur Vermeidung zu enger Blutsverwandtschaft des Nachwuchses. Also irgendwie auch eine Erklärung der blühenden Zeit der Nachkriegsgeneration neben einer Stunde Null für Alle.

Letzteres, die Null, ökonomisch korrekt analysiert sowieso nicht haltbar, wer für wertlose Reichsmark auf Lager produziert und dann für Deutsche Mark verkaufen kann, der Leser erkennt sofort die bevorzugte Stellung der Produktionsmittelbesitzenden, die Schicht verfolgt uns weiter, ist eben kein Nullstundentyp, um nur einen Widerspruch zu solchen Schlagworten zu nennen. Umrubeln als letzte Ausprägung ökonomischer Vorteile im Zusammenhang mit Währungsumstellungen festigen die Überlegung. Warum dieser Schwenk, der vor dem Komma, in graue, die genauso bunt war wie die heutige, vielleicht sogar noch bunter, weil auch das Bunte teilweise gedacht, gelebt und nicht mittels TV, DVD, MP3 oder Video vorgesetzt wurde, Vorzeit, für die Mehrheit nur noch erinnerbar aus Erzählungen der betroffenen Generation, betroffen im Sinne von erlebt und nicht wie heute definiert als Zeugnis des wahren Glaubens über das, was geglaubt werden soll. Heutige Betroffenheit ist so gesehen tatsächlich betroffen sein, weil mann/frau dazu Stellung nehmen soll, stört im gemütlichen Tagesgeschäft, wird aber mit ernster Mine verkauft als ein Eindringen in eigene, allgemein verbindliche Wertvorstellungen von Meinungsführer Gnaden, eigentlich ein wunderschönes Teekesselchen ausgehend von der betroffenen Person, genervt zu sein nach Außen umzuwandeln in moralische Wolken der Vollkommenheit, alle Achtung, Hut ab vor solch Propagandatricks der Neuzeit. Fiel den Alten nicht ein. Was war jetzt der Ausgangspunkt?

Stunde Null und Volksbewegungen, ersteres in unreflektierter Erinnerung, will neumodisch sagen ohne unser eben angesprochenes kritisches Hinterfragen, jetzt sind es schon zwei immer passende fortschrittliche Begriffe des Erschlagens in einem Satz, ist ja der Ursprung des wahlkampfmäßig ausgeschlachteten Begriffs der blühenden Landschaften. Oder anders ausgedrückt, Geschichte wiederholt sich nicht, wenn es allen Erreichbaren herum gleich schlecht geht ist die beobachtbare Eigeninitiative eine andere als wenn es einem als einzigen schlechter geht und die anderen für den eigenen Fortschritt, den langsamen, verantwortlich gemacht werden können. Aber wie gesagt, weiter gesprungen, also auch die wahren Werte, die erst den Wohlstand ermöglichen wie Freiheit und, na ja, fast Gleichheit tragen zum Blühen bei, wie heißt es in alten fortschrittlichen Liedern? „Vorwärts und nicht vergessen", letzteres bitte zur Unfreiheit, Bevormundung und Gängelung einschließlich realer erlebter Käfigbauten die nach meiner Befürchtung in etwa 2 PISA beachteten Jahrgängen endgültig zu Gartenzäunen oder coolen Graffitileinwänden mutieren.

Aber weiter mit dem zweiten Ausgangspunkt der letztseitigen Überlegungen, Wanderungen und deren Auswirkungen, nicht fortpflanzungsmäßiger sondern gesellschaftlich weiter gefasster Art: Wer machte und macht sich, wie und wo breit, was wird eingebracht, verdrängt oder übernommen? Was uns ganz nach vorne unserer Betrachtungen zurückführt, was hat rübergemacht, abgesehen von Produkten, die Fragestellung nunmehr erweitert auf Ost-West bzw. West-Ost Gefühle und Gedanken, mal wieder dabei auch ein Einklammern des Nordens und Südens, der dabei ja leicht außen vor bleibt, obwohl in Ost und West genauso betroffen, ist daher wie bisher mehr politisch eingeteilt gemeint.

Und spätestens hier fällt auf, dass immer vom Ost-West Konflikt, Ost-West Verhältnis, von Ossis und Wessis und wohlmöglich Ost-West Gefälle die Rede ist, das vierte Beispiel ähnlich unserem Geber und Nehmer von Arbeit schon ein sehr schiefes Bild oder auch Schichtumkehr, oder doch? Übrigens, dass schon mal angesprochene Thema der Schiefe weiter betrachtend, auffällig ist, dass mit zunehmenden Alter ganz normale Erscheinungen der Unperfektheit, sei es das grün der Sonnen abgewandten Steinseiten oder schief hängende Bilder, nicht zu verwechseln mit schräg hängenden, weil gewollt, Installationen, als störend empfunden werden, gerade Letzteres ist zu beobachten, Abneigung gegen die letzte, schief oder doch schräg gezimmerte Kiste im Nachleben? Übertragen auf das uns interessierende Thema, ansonsten wären Sie als Leser nicht bis hier gekommen, besteht da ein Zusammenhang mit unserem oder Staatssystemen ganz allgemein? Je länger so ein Gebilde besteht und sei es im Allgemeinen noch so gut zu allen, werden wir immer pingeliger, sehen jede negative Erscheinung als die Hauptsache an, vergessen das überwiegende Positive, auch wenn das Negative genannt und verändert werden sollte. Fast scheint es so, also ganz menschlich im Sinne von drohendem Ende, wir wollen eigentlich keine Veränderung, sind zufrieden aber befürchten doch das Ende und dieser Gedanke beherrscht uns kollektiv. Gemeinsames Quaken ist ja so schön, sagen sich die Frösche auch, aber bei denen hat es den Sinn der Zukunft, und die landet dann weniger auf dem Essteller als vor Gericht mit dem Ansinnen, das Quaken einzustellen, übertragen natürlich, meist wird das Zuschütten von kleinen Gartenbiotopen erklagt. Nach diesem kleinen Ausflug in die Menschenbiosphäre, sprich unser Garten soll schöner werden, retour zu unseren wortgewaltigen Einschichtungen und was sie uns lehren.

Was fällt bei all diesen Schlagworten auf? Der Osten stand beim Ursprung des Konflikts, dem Zerbrechen der Siegerallianz nach dem letzten Weltkrieg, heiß umkämpft in Korea, immer vorn im Sprachgebrauch. Und das nicht etwa aus wirtschaftlicher Überlegenheit oder Hochachtung, sondern weil mit der Wortwahl impliziert wurde, Auslöser des Konfliktes zu sein, der Weltruhestörung ist immer der erstgenannte, sprich der Osten, was ja vielleicht überwiegend richtig ist, aber die Wortfolge ist dann auf alle Beziehungen dieser Himmelsrichtungen ausgedehnt worden.

Dabei ist die Angabe und Kenntnis von Himmelsrichtungen doch gar nicht mehr wichtig für das praktische Leben, mit jedem verkauften Navigationsgerät, mittlerweile auch in mobiler Form für den Fußgänger erhältlich, ist die Kenntnis der Himmelsrichtungen zunehmend unwichtig. Den Wetterbericht umzustellen in Bild befrachteter und Mattscheiben geprägter Zeit wäre nicht weiter schwierig, warum kann der Wind nicht von oben, unten, links oder rechts wehen? Entspricht doch dem natürlichen Blick des Kartenbetrachters, macht das Schülerleben einfacher und dreht dabei auch noch die ehemalige politische Landkarte breitengradmäßig um, vielleicht neutralisierend, zumindest interessant, linker Sturm kommt aus, jetzt muss es noch einmal wegen der Erklärung erwähnt werden, aus dem Westen und umgekehrt. Aber abseits dieser wichtigen, Pisa verbessernden Abschweifung, muss das mit Ost-West so bleiben oder im Sinne unseres Ansatzes gefragt, warum leuchten nicht beide zusammen?

Schluss

Wie weiter vorne schon im Zusammenhang mit dem Leuchten unserer bunten Themengeber erwähnt, zeichnet sich die Fußgängerampel in der Ausprägung rot-grün bzw. grün-rot dadurch aus, dass immer nur ein Zustand zur Zeit herrscht oder anders ausgedrückt, abgesehen von technischen Störungen, also idealtypisch, kann nur eins leuchten und das andere muss im übertragenen Sinne schweigen. Nach dem alten Motto der Nato Doppelbeschlussgegner „Lieber rot als tot", also ampelgerecht oder ein durch unsere alles bewegenden Farben weiterentwickeltes „Lieber grün als kühn", die einzige mir einfallende Reimung, was jetzt keine Angriff auf Doppelspitzeninhaber sein soll, ampelgerecht müsste es ja auch heißen, „Lieber rot als kühn", aber abgesehen davon, Doppelspitze heißt doch, wir wollen hier den primitiven Angriff mit Handwaffen pazifistisch ausschließen. Also vereinfacht ausgedrückt, dass es zwei höchste Erhebungen gibt, ist das in menschlicher Ausprägung oder logisch möglich, das Höchste kann doch nur einer, eine oder eines sein, ganz geschlechtsneutral formuliert, ansonsten wären sie doch gleich hoch, relativ betrachtet.

Also entweder gehen oder stehen sagt uns die Ampel, für uns die entscheidende Frage abgeleitet West oder Ost oder umgekehrt, gemeinhin nicht als gemeinsame Befindlichkeit empfunden, selbst 20 Jahre danach, immer nur eine Seite im Focus der jeweils Betroffenen oder über die anderen Befindenden? Daneben scheint das Einmalige vergessen, mit historischem Sand abgedeckt, verdrängt, verdrängen gelassen, nur noch vereinzelt präsent, die damals Agierenden sind doch heute meist nicht mehr öffentlich, also die Feststellung, dass in der gesamten Geschichte der deutschen Nation, so es sie mit diesem Begriff überhaupt ab wann gab, kein noch so gefülltes Nationalmuseum kann den Nationenbegriff vergangener Jahrhunderte herbei ausstellen, nie Volkes Macht, nicht zu verwechseln mit Machtergreifung, die schon nicht mehr völkisch, um im Slang der damaligen Macht zu bleiben, so ein befreiendes Ereignis bisher nie stattgefunden hatte.

Der gelebte Wille nach Freiheit, Ende der Gängelung und endlich Selbstbestimmung, und, fairer weise gesagt nach dem Motto, das wirtschaftliche Sein bestimmt das Bewusstsein, auch nach Wohlstand bestimmt. An dieser Stelle sei erwähnt der philosophische Knackpunkt der sozialistischen Errungenschaften üblicher gelebter Ausprägung, die Kinder mussten irgendwann aufgrund ökonomischer Unzufriedenheit ihre Schöpfer davonjagen, hat nur kein Lehrstuhl der realen sozialistischen Wissenschaft erkannt oder aus Angst nicht publiziert, dieser Wille scheint vergessen zu sein oder langsam nicht mehr angebracht zu sein. Dieser Wille hat mit freundlicher Unterstützung der östlichen Siegermacht, welcher einmalig, auch aus ökonomische Gründen, dem Schauspieler sei nochmals Dank, die nach Westen mittlerweile bunten Mauern, nicht als Himmelsrichtung sondern als Gesellschaftsform beschreibend, und Zaun nebst selbst schießender Grenzen beseitigt. Dass danach in der Besserwissi Retrospektive vieles auf ökonomischem Gebiet falsch gemacht, weil auch westlich gedacht und Stunde Null, siehe oben, orientiert, viele falsche Mittel der Steuerung, mittlerweile Lieblingsaufgabe der Steuer, obwohl es eigentlich selbst bei Namensgebung nicht ihre Aufgabe ist, eingesetzt wurden, ändert nichts an der einmaligen, endlich einmal einer Revolution im gedachten Sinne, Leistung der Bewegung, letztere Bezeichnung natürlich historisch neutral formuliert. Und dazu noch politisch, besonders im internationalen Konzert, von dem längsten Amtsinhaber unserer Republik umgesetzt, Respekt.

Auch so lange Zeit danach, die wir meist viel kürzer erinnern, ist es immer wieder beeindruckend, die Stätte der Montagsdemonstrationen zu besuchen und dabei, übliche Wendeeinflüsse in Form von

Kettenläden oder sonstiger Errungenschaften der Wiedervereinigung ausklammernd die Stimmung und Bewegung jener Zeit sich vorzustellen, besonders angesichts eines Lebensgefühls drum herum, was so weit entfernt erscheint. Kann mann/frau dies nur noch als so genannter Wessi, so genannt hier weiterhin als anzweifelnd der realen Existenz gedacht, wohlmöglich nostalgisch nachvollziehen, wie aktuelle Wahlausgänge implizieren? Warum soll diese historische Leistung rund um die Nicolaikirche in Leipzig nicht mehr in den Vordergrund gestellt werden, diese Einmaligkeit im Marketing der Stadt den Bachlebensjahren in dieser Stadt weichen? Wenn es schon Doppelspitzen gibt, warum nicht zwei, wenn auch sehr unterschiedliche Erinnerungen, warum muss es nur einen neudeutsch, wie gehört „one-unit-selling-point" der Stadt Leipzig geben, schämt sich irgendjemand ob der historischen Leistung, spiel nicht mit den Schmuddelkindern? Habe ich endlich den Song aus den westlichen Demojahren, der mit den Kindern, kein Song für das Fernsehformat über vergangene Dekaden, verstanden?

Weitergedacht, sind unsere Aufhänger der Überlegungen, also die aufgehängten Lichtlein auch daran schuld, wenn denn solche Frage philosophisch gestattet sei? Schließlich leuchten sie, Pannen der Schaltung einmal ausgenommen, nie gleichzeitig, was jetzt eine Wiederholung war, aber im Zusammenhang erwähnt werden muss, also die getrennte Zweiphasigkeit als Synonym für Trennendes, Unüberwindliches abseits aller Gemeinsamkeiten deutscher Nation, soweit definierbar? Vordergründig einleuchtend und erklärend, Thema erledigt, kann ja nichts werden. Aber wie so oft, der zweite oder besser noch der dritte Blick, ganz ohne Arbeitskreis wenn mann/frau nicht weiter weiß, zeigt doch andere Erkenntnisse:

Aber auch hier der Reihe nach, vom Vordergründigen zum Erkennenden, gedacht. Was wäre die einfachste Alternative unserer bunt leuchtenden Knudelfiguren, wenn sie gemeinsam leuchten würden? Wir sind jetzt im zweiten Blick der Untersuchung, nur die gleichzeitige Aufforderung zum Gehen und zum Stehen bleiben, dass das Nichtleuchten beider keine zukunftsträchtige, weil für die zu Schützenden vernichtende Alternative ist, schon oben im Sozialismus ausgeschlossen, das gleichzeitige Glühen der beiden Fäden würde dazu führen, dass im Durchschnitt keiner geht, schließlich wird auch Halt geboten, aus gutem Grund, oder Gefahr ignorierend wird grün oder rot befolgt, letzteres wie beschrieben mittel- bis langfristig zum Auslöschen der Handelnden, den einzelnen Elementen des wie auch immer gearteten Staatsgefüges führt.

Die Doppelleuchtalternative, irgendwie wieder erinnerlich in Doppelspitze, auf jeden Fall schon mal Verantwortung durch zwei geteilt, heißt also Stillstand oder Rückschritt von Beteiligten zur Erhaltung des Selbst, Strickende natürlich wohlwollend oder auch nicht ausgenommen. Da die Alternative unseres zweiten Blicks weder moralisch verantwortbar ist noch unser Problem der demographischen Entwicklung löst, ist dieser Lösungsansatz des doppelten Leuchtens, bei aller lustigen multikulti Buntheit, kein richtiger Lösungsansatz. Was an die Farbenlehre erinnert, Schlechtes denkt, wer jetzt Koalitionen vor sein geistiges Auge holt, eine schwarz-rote Ampel wäre nach dem Stand unserer Untersuchung Stillstand pur, der Fortschritt nicht sichtbar, alles muss halten, keiner bewegt sich, gähn, die Comic Ausdrucksweise ist bewusst gewählt, oder erinnern aktuelle Politikerstatements nicht an Sprechblasen? Hoppla, de schwatt-rote Gemenge to'n een sleppen hebbt wi doch nu habt, jeder mag nach Landsmannschaft für sich als Übung der eigenen Identität in Vielfalt seine Mundart ergänzen.

Aber mit dem Willen zum realen Durchblick bewaffnet, was passiert eigentlich an so einer Ampel, auch Nur-Autofahrer mit wenig oder vergessener Geherfahrung im Gegensatz zu Nur-Fliegern, können die Frage beantworten, um den dritten, entscheidenden Blick, vielleicht noch weiterer, zu schärfen.

Gehende Menschen, Fußgänger, für Autofahrer entsprechend Kraftfahrzeuge, auch für Fußgänger in Anbetracht immer dunklerer Scheiben und Blickkontakt meidender Fahrerkabinen der gehobenen, bezogen auf die messbare Höhe der Sitzposition, Klasse, sie alle werden durch rote Lichter in ihrer Fortbewegung unterbrochen, da andere Bewegungsrichtungen gerade freien Gang oder Fahrt haben. Die so Beschriebenen sammeln sich bei rot um beim Umspringen der Ampel auf grün, für Autofahrer, damit es schneller wird, schon mal mit gelb angekündigt, Gang eingelegt, ihre Bewegung in der gewünschten Richtung fortzusetzen, die Straße zu überqueren, auf die Kreuzung rollen zum überfahren, auf jeden Fall, und das ist das Entscheidende, es geht weiter. Alle kommen irgendwann weiter, gerade bei Fußgängern ist zu beobachten, dass in einer Grünphase mehr Menschen die Straße pro Zeiteinheit überqueren als bei einem ungestoppten Gehfluss. Auch Kraftfahrzeuge kommen, wenn auch zum Teil nach langen Wartezeiten weiter, was naturgemäß an der geringeren Dichte der durchgesetzten Fahrzeuge pro Zeiteinheit liegt. Zwei Spuren bleiben zwei Spuren, anders als bei Fußgängern, die bei vielen Gleichläufern während des Wartens und des Überquerens auf solidarische Tuchfühlung unterhalb der Näheschwelle kommen, Gegenfußgänger mehr oder minder geschickt ausweichend, manchmal mit Wackeltechnik ähnlich eines Handball spielenden Kreisläufers Aug' in Aug' mit dem Torwart, Begegnende gleich in Ausweichrichtung, spiegelbildlich, reagieren dann wie wir. Ein beobachtbares Phänomen zwischenmenschlicher Beziehungen ohne Kenntnis des Anderen.
Die vordergründige Erklärung, bestimmt Bestandteil so mancher Führungsschulung, es wird in diesen Momenten Schwäche, keine

Zielorientiertheit, keine Durchsetzungsvermögen oder ähnliche Ziele der Selbstverwirklichung gezeigt, üben wir dran, erscheint mir zu kurz gesprungen, weil ergebnisorientiert interpretiert, um im Slang dieser Coaching Experten zu schnacken. Ist nicht vielmehr dieser Moment ein Zeichen darüber nachzudenken, warum die entgegen gesetzte Richtung für die so Schreitenden deren Fortschritt, Ziel vor Augen, ist. Diese Betrachtung des in einer Fußweglinearität doppelten Fortschritts, der sich an einer einfachen Kreuzung zum vierfachen Steigern lässt, ja geradezu als Einwand gegen einige bisherige Erkenntnisse, hätte ich schon früher, zumindest als Einwand, erwartet. Wie so oft, kann natürlich entgegnet werden, erst einmal das Einfache verstehen bevor es zum Komplizierter fortschreitet, aber, das Komplizierte ist ja im Einfachen enthalten und umgekehrt, insofern kann der Fortschritt mit seinen Betrachtungen für alle, egal welcher Richtung, gelten. Was, und hier ist der geistige Sprung von irgendwelchen psychologischen Erklärungen für den Heimgebrauch von wegen wackelmütig, wankelmütig sollte eigentlich für die Probleme des ersten Serienmotors mit dem Wankelprinzip vorbehalten bleiben, auf die höhere Stufe des Erkennens zu stellen:

Mein Ziel muss nicht das der anderen sein, deren Ziel nicht meins, die spiegelbildliche Bewegung beim Auswackeln spiegelt entweder gleiches Denken, Reagieren trotz unterschiedlicher persönlicher Ziele wider, zeigt uns aber auch unser Verhalten im Spiegel, vielleicht beim Rückweg, als Vorweg genommenes Selbst in so und soviel Zeiteinheiten weiter, insgesamt eine schöne Reflexion des eigenes Seins. Und dass im Durchschnitt sich alle individuellen Bewegungen innerhalb einer geographischen Größe vektormäßig, auch meist individuell, also komplizierter als das hin und zurück, sprich trotz aller möglichen Umwege neutralisieren, ist auch gut so, sonst hätten wir eine generelle Völkerwanderung, die ja, ganz zum Anfang gesprungen, aktuell immer noch menschlich rübermacht, Abstimmung mit den Füßen. Was uns insgesamt zu folgender Erkenntnis bringen kann:

Die Summe aller Ziele der Individuen, die unterschiedliche Bewegungsrichtungen bedingen, sprechen nicht gegen die kollektiven Ziele aller, nämlich die Erkenntnis über den Fortschritt. Und wenn es an der Ampel ist. Die Ampel entpuppt sich übertragen als ordnendes Instrument, die aber jedem die Freiheit seiner eigenen Bewegung lässt, da andere Richtungen entsprechend temporär Vorrecht haben oder aber warten müssen. Die vornehmste Staatsaufgabe, die individuelle Ziele und Wünsche grundsätzlich zu zulassen und bei diesem Freiheitsdrang lediglich dafür zu sorgen, dass keiner sich dabei in die Quere kommt, erkennen wir hier.

Die Summe aller Vektoren der Bewegungen erinnert an die Summe aller ökonomischen Entscheidungen des Einzelnen mit einem besseren Ergebnis für alle, wie oben Wohlstands mehrend beschrieben, schließlich geht es für jeden, selbst bei scheinbarem oder selbst empfundenen Stillstand vorwärts, zumindest immer zeitmäßig, wobei wir unsere Uhr wieder getroffen haben, die bei scheinbar im Kreise tickend zeitlich fortschreitet.

Die Intimität der Wartenden angesichts erwarteter Gehaufforderung, das Gegenteil einer laufenden Lola, obwohl, jede Ampel wirft uns scheinbar an den Anfang unserer Bewegung, nämlich den Stillstand zurück, insofern auch eine immer wiederkehrende Abfolge mit unterschiedlichen Handlungsabläufen dazwischen.

Und so betrachtet mit dem vierten Augenblick der Erkenntnis, schon fast eine schützenswerte Formulierung unserer Untersuchung, ist die Existenz der Ampel, und seien es noch so viele, ein Mittel des geordneten Fortschritts im wahrsten Sinne des Wortes bzw. keine Einrichtung, den gewollten Fortschritt oder für die Rollenden, das Fortfahren bzw. -rollen dauerhaft aufzuhalten, also im Zusammenhang mit unserer Ost-West Fragestellung, das Gemeinsame dauerhaft aufzuhalten. Mit anderen Worten, das beide Farben nicht zugleich leuchten oder gemeinsam strahlen ist nicht die Botschaft unserer Ampelmännchen.

Ich leuchte, also schreitet Ihr, mal mehr oder weniger Teilnehmer, auf jeden Fall in Eure gewählte Richtung und dabei mit der Möglichkeit, die Richtung stehen bleibend zu überdenken. Was die Verantwortung der Zielwahl, und damit abseits aller philosophischen Ansätze über wer denkt, daher ist, weil er denkt oder deshalb denken kann, abgesehen von rational nicht widersprechbarer Lenkung Dritter, wieder auf den verteilt, der sie hat: Uns alle.

Auch wenn der längste Blick, und wenn sie nicht gestorben sind, vereinigen sie sich noch immer, noch dauern kann. Aber vielleicht hilft ja bei vielen die verordnete Pause. Ampel sei Dank auch dafür. Und natürlich der Uhr für weitere Erkenntnisse, tickt noch, die neue, die alte wird bestimmt gerade zu Ampelteilen oder einem Kompass recycelt. Die drei Dinge unseres Anstoßes, Ampel im übertragenden Sinne der Ordnung und Freiheit, Zeit und natürlich wir leben und machen derweil weiter.

www.tredition.de

Über tredition

Der tredition Verlag wurde 2007 in Hamburg gegründet und ermöglicht Autoren das Publizieren von e-Books, audio-Books und print-Books. Autoren veröffentlichen ihre Bücher selbständig oder auf Wunsch mit der Unterstützung von tredition. print-Books sind in allen Buchhandlungen sowie bei Online-Händlern gedruckter Bücher erhältlich. e-Books und audio-Books können auf Wunsch der Autoren neben dem tredition Web-Shop auch bei weiteren führenden Online-Portalen zum Verkauf angeboten werden.

Auf www.tredition.de veröffentlichen Autoren in wenigen leichten Schritten ihr Buch. Zusätzlich bieten zahlreiche Literatur-Partner (das sind Lektoren, Übersetzer, Hörbuchsprecher und Illustratoren) ihre Dienstleistung an, um Manuskripte zu verbessern oder die Vielfalt zu erhöhen. Autoren können dieses Angebot nutzen und vereinbaren unabhängig von tredition mit Literatur-Partnern ihre Zusammenarbeit und partizipieren gemeinsam am Erfolg des Buches.